编委会

全国普通高等院校旅游管理专业类"十三五"规划教材
教育部旅游管理专业本科综合改革试点项目配套规划教材

总主编

马　勇　教育部高等学校旅游管理类专业教学指导委员会副主任
　　　　中国旅游协会教育分会副会长
　　　　中组部国家"万人计划"教学名师
　　　　湖北大学旅游发展研究院院长，教授、博士生导师

编委（排名不分先后）

田　里　教育部高等学校旅游管理类专业教学指导委员会主任
　　　　云南大学工商管理与旅游管理学院原院长，教授、博士生导师
高　峻　教育部高等学校旅游管理类专业教学指导委员会副主任
　　　　上海师范大学旅游学院副院长，教授、博士生导师
韩玉灵　全国旅游职业教育教学指导委员会秘书长
　　　　北京第二外国语学院旅游管理学院教授
罗兹柏　中国旅游未来研究会副会长，重庆旅游发展研究中心主任，教授
郑耀星　中国旅游协会理事，福建师范大学旅游学院教授、博士生导师
董观志　暨南大学旅游规划设计研究院副院长，教授、博士生导师
王　琳　海南大学旅游学院院长，教授
梁文慧　澳门城市大学副校长，澳门城市大学国际旅游与管理学院院长，教授、博士生导师
薛兵旺　武汉商学院旅游与酒店管理学院院长，教授
舒伯阳　中南财经政法大学工商管理学院教授、博士生导师
朱运海　湖北文理学院管理学院副教授
罗伊玲　昆明学院旅游管理专业副教授
杨振之　四川大学中国休闲与旅游研究中心主任，四川大学旅游学院教授、博士生导师
黄安民　华侨大学城市建设与经济发展研究院常务副院长，教授
张胜男　首都师范大学资源环境与旅游学院教授
魏　卫　华南理工大学经济与贸易学院教授、博士生导师
毕斗斗　华南理工大学经济与贸易学院教授
史万震　常熟理工学院经济与管理学院酒店管理系副教授
黄光文　南昌大学经济与管理学院旅游管理系教研室主任，副教授
窦志萍　昆明学院旅游学院教授，《旅游研究》杂志主编
李　玺　澳门城市大学国际旅游与管理学院副院长，教授、博士生导师
王春雷　上海对外经贸大学中德合作会展专业副教授
朱　伟　河南师范大学旅游学院教授
邓爱民　中南财经政法大学旅游管理系主任，教授、博士生导师
程丛喜　武汉轻工大学旅游管理系主任，教授
周　霄　武汉轻工大学旅游研究中心主任，副教授
黄其新　江汉大学商学院副院长，副教授
何　彪　海南大学旅游学院会展系系主任，副教授

全国普通高等院校旅游管理专业类"十三五"规划教材
教育部旅游管理专业本科综合改革试点项目配套规划教材

总主编 ◎ 马 勇

旅游管理教学案例
Tourism Management Teaching Cases

主编 ◎ 向从武　刘军林

华中科技大学出版社
http://www.hustp.com
中国·武汉

图书在版编目(CIP)数据

旅游管理教学案例/向从武,刘军林主编. —武汉:华中科技大学出版社,2020.1(2025.1重印)
全国普通高等院校旅游管理专业类"十三五"规划教材
ISBN 978-7-5680-5833-9

Ⅰ.①旅…　Ⅱ.①向…　②刘…　Ⅲ.①旅游经济-经济管理-教案(教育)-高等学校-教材　Ⅳ.①F590

中国版本图书馆 CIP 数据核字(2019)第 278575 号

旅游管理教学案例　　　　　　　　　　　　　　　　　　　　向从武　刘军林　主编
Lǚyou Guanli Jiaoxue Anli

策划编辑:李　欢
责任编辑:倪　梦
封面设计:原色设计
责任校对:刘　竣
责任监印:周治超
出版发行:华中科技大学出版社(中国·武汉)　　电话:(027)81321913
　　　　　武汉市东湖新技术开发区华工科技园　　邮编:430223
录　　排:华中科技大学惠友文印中心
印　　刷:广东虎彩云印刷有限公司
开　　本:787mm×1092mm　1/16
印　　张:10.25
字　　数:256 千字
版　　次:2025 年 1 月第 1 版第 5 次印刷
定　　价:39.80 元

本书若有印装质量问题,请向出版社营销中心调换
全国免费服务热线:400-6679-118　竭诚为您服务
版权所有　侵权必究

Abstract 内容提要

旅游管理是应用性较强的专业,案例教学在旅游管理人才培养中具有重要作用。本书针对具有一定旅游专业技能的管理人才,以及具有良好专业基础的学生,使他们能够根据中小型旅游景区企业开发运行管理中存在的问题,展开深入的教学活动讨论。目的旨在提升使用者对中小景区资源测评、规划建设、经营管理、综合事务处置的感知和技能。

本书共分为五章,分别从景区规划、旅游企业经营管理、旅游营销、居民参与、旅游资源评价开发等方面展开案例教学。每个案例教学包括案例和教学指导等,案例为教学提供详细、直观的素材,方便使用者了解分析对象;教学指导说明包括教学目的与用途、启发思考题、背景信息、关键要点、建议课堂计划等部分,方便教师使用。

本书适用于旅游管理本科教学,同时可以作为其他教学参考用书。

Tourism management is a major with strong application, and case teaching plays an important role in the training of tourism management talents. This book aims at the management talents or students with certain tourism skills and good professional foundation , so that they can discuss the teaching activities according to the problems existing in the development and operation management of small and medium－sized scenic spot enterprises. The purpose of the book is to improve users' perception and skills of resource evaluation, planning and construction, management and comprehensive affairs disposal of small and medium－sized scenic spots.

This book is divided into five chapters, including the planning of scenic spots, tourism enterprise management, tourism marketing, residents participation, tourism resource evaluation and development. Each case teaching contains case and teaching guidance. Case provides detailed and intuitive materials for teaching, which is convenient for users to understand and analyze. The teaching guidance instruction includes the teaching purpose and use, thinking questions, background information, key points, and suggestion classroom plan and so on, meanwhile facilitating teachers to use.

This book is suitable for tourism management undergraduate teaching, also can be used as other teaching reference books.

总 序

旅游业在现代服务业大发展的机遇背景下,对全球经济贡献巨大,成为世界经济发展的亮点。国务院已明确提出,将旅游产业确立为国民经济战略性的支柱产业和人民群众满意的现代服务业。由此可见,旅游产业已发展成为拉动经济发展的重要引擎。中国的旅游产业未来的发展受到国家高度重视,旅游产业强劲的发展势头、巨大的产业带动性必将会对中国经济的转型升级和可持续发展产生良好的推动作用。伴随着中国旅游产业发展规模的不断扩大,未来旅游产业发展对各类中高级旅游人才的需求将十分旺盛,这也将有力地推动中国高等旅游教育的发展步入快车道,以更好地适应旅游产业快速发展对人才需求的大趋势。

教育部2012年颁布的《普通高等学校本科专业目录(2012年)》中,将旅游管理专业上升为与工商管理学科平行的一级大类专业,同时下辖旅游管理、酒店管理和会展经济与管理三个二级专业。这意味着,新的专业目录调整为全国高校旅游管理学科与专业的发展提供了良好的发展平台与契机,更为培养21世纪旅游行业优秀旅游人才奠定了良好的发展基础。正是在这种旅游经济繁荣发展和对旅游人才需求急剧增长的背景下,积极把握改革转型发展机遇,整合旅游教育资源,为我国旅游业的发展提供强有力的人才保证和智力支持,让旅游教育发展进入更加系统、全方位发展阶段,出版高品质和高水准的"全国普通高等院校旅游管理专业类'十三五'规划教材"则成为旅游教育发展的迫切需要。

基于此,在教育部高等学校旅游管理类专业教学指导委员会的大力支持和指导下,华中科技大学出版社汇聚了国内一大批高水平的旅游院校国家教学名师、资深教授及中青年旅游学科带头人,面向"十三五"规划教材做出积极探索,率先组织编撰出版"全国普通高等院校旅游管理专业类'十三五'规划教材"。该套教材着重于优化专业设置和课程体系,致力于提升旅游人才的培养规格和育人质量,并纳入教育部旅游管理本科综合改革项目配套规划教材的编写和出版,以更好地适应教育部新一轮学科专业目录调整后旅游管理大类高等教育发展和学科专业建设的需要。该套教材特邀教育部高等学校旅游管理类专业教学指导委员会副主任、中国旅游协会教育分会副会长、中组部国家"万人计划"教学名师、湖北大学旅游发展研究院院长马勇教授担任总主编。同时邀请了全国近百所开设旅游管理本科专业的高等学校知名教授、学科带头人和一线骨干专业教师,以及旅游行业专家、海外专业师资等加盟编撰。

该套教材从选题策划到成稿出版,从编写团队到出版团队,从内容组建到内容创新,均展现出极大的创新和突破。选题方面,首批主要编写旅游管理专业类核心课程教材、旅游管理专业类特色课程教材,产品设计形式灵活,融合互联网高新技术,以多元化、更具趣味性的形式引导学生学习,同时辅以形式多样、内容丰富且极具特色的图片案例、视频案例,为配套数字出版提供技术支持。编写团队均是旅游学界具有代表性的权威学者,出版团队为华中科技大学出版社专门建立的旅游分社精英团队。在编写内容上,结合大数据时代背景,不断更新旅游理论

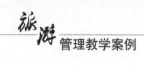

知识,以知识导读、知识链接和知识活页等板块为读者提供全新的阅读体验。

在旅游教育发展改革发展的新形势、新背景下,旅游本科教材需要匹配旅游本科教育需求。因此,编写一套高质量的旅游教材是一项重要的工程,更是承担着一项重要的责任。我们需要旅游专家学者、旅游企业领袖和出版社的共同支持与合作。在本套教材的组织策划及编写出版过程中,得到了旅游业内专家学者和业界精英的大力支持,在此一并致谢!希望这套教材能够为旅游学界、业界和各位对旅游知识充满渴望的学子们带来真正的养分,为中国旅游教育教材建设贡献力量。

丛书编委会

2019 年 7 月

前言 Preface

在旅游管理教学过程中,最难解决的问题就是如何将课堂理论与实践相结合,提升学生解决实际问题的能力。"书到用时方恨少,事非经过不知难"。学生在课堂系统知识的学习之后,需要以问题为导向的案例教学,需要让学生亲身经历,全流程参与问题讨论,才能增强其对专业知识的认知,增强其对专业知识的应用,增强其自我学习、解决问题的能力。

旅游管理是应用性很强的学科,"学以致用"是教学的根本之一。理论教学为学生的"学"提供了系统性知识,如旅游市场营销学、旅游资源学、旅游资源规划与开发等学科课程,能让学生真正明白学什么、怎么学、如何用的问题。辅助的课堂案例、作业操练能进一步强化理论知识,让学生进一步理解、运用理论知识。学生需要经历实训、实战化训练,经历真实案例的历练,才能真正领悟理论知识的真谛,达到学以致用的效果。

本书以中小型景区、中小尺度旅游目的地为主要案例对象,以学生能感知、能参与、能实操作为案例选取标准,针对旅游管理教学和实训存在的问题,针对性组织案例。针对旅游资源规划与开发教学活动,组织了景区规划案例章节,选取了针对中小型景区规划及存在问题的案例进行展示分析,针对乡村旅游规划及存在问题的案例进行展示分析,针对特色小镇规划及存在问题的案例进行展示分析。针对景区经营管理教学活动需要,组织了旅游企业经营管理案例章节,选取了针对中型景区升级与重塑、旅游景区管理案例分析、民族文化旅游案例分析、乡村旅游经营困境案例分析等,以配合课题教学需要。针对旅游市场营销学,组织了旅游营销案例分析章节,选取了酒店品牌建设、"网红重庆"旅游营销、移动短视频对景区的影响、广州花都区国内游客旅游消费偏好等进行案例分析。针对旅游目的地居民产业融合和参与问题,组织了居民参与案例章节,选取了旅游古镇地方依恋调研、乡村旅游地社区参与感知调研等进行案例分析。针对旅游资源学教学中的旅游资源评价开发问题,组织了旅游资源评价开发案例章节,选取了旅游资源评价案例、旅游资源开发要素案例等进行分析。

本书案例实际教学活动研究和应用为主,由主编向从武负责策划和最终统稿,刘军林负责稿件编选。第一章案例及分析内容分别由刘军林、向从武和于婷婷等提供,第二章案例及分析内容分别由于婷婷、冉毅、向从武提供,第三章案例及分析内容分别由毛娟、刘力裴、张玲、张韵君等提供,第四章案例及分析内容由谭舒月等提供,第五章案例及分析内容分别由黎艾艾、李志民提供。书稿得到长江师范学院管理学院师生的大力支持和帮助。由于编者能力有限,本书不足之处敬请广大读者提出宝贵的意见。

编　者

2019 年 6 月

目 录
Contents

第一章　景区规划案例分析
Chapter 1　Case analysis of scenic spots planning

第一节　中小型景区总体规划案例分析　/1
❶　Case analysis of overall planning of small and medium-sized scenic spots

第二节　乡村旅游开发与产业振兴规划案例分析　/10
❷　Case analysis of rural tourism development and industrial revitalization planning

第三节　特色小镇旅游发展总体规划案例分析　/30
❸　Case study on the overall planning of tourism development in small towns with characteristics

第二章　旅游经营管理案例分析
Chapter 2　Case study of tourism management

第一节　中型景区升级重塑　/61
❶　Upgrade and reconstruction of medium-sized scenic spots

第二节　旅游景区管理案例分析　/65
❷　Case analysis of scenic spots management

第三节　民族文化旅游案例分析　/67
❸　Case analysis of ethnic cultural tourism

第四节　乡村旅游经营困境案例分析　/69
❹　Case analysis of rural tourism management dilemma

第三章　旅游营销案例分析
Chapter 3　Case analysis of tourism marketing

第一节　酒店品牌建设案例分析　/72
❶　Analysis of the hotel brand construction

第二节　"网红重庆"旅游营销案例分析　/79
❷　Travel marketing case analysis of famous Chongqing

第三节　移动短视频对景区的影响分析　　　/87
Scenic spots impact analysis of moving short-video

第四节　广州市花都区国内游客旅游消费偏好　　　/96
Tourism consumption preference of domestic tourists in Huadu District, Guangzhou

第四章　居民参与案例分析
Chapter 4　Case analysis of the residents participation

第一节　旅游古镇地方依恋案例分析　　　/123
Local attachment analysis case of the ancient tourism town

第二节　乡村旅游地社区参与感知案例分析　　　/129
Case study of community participation perception in rural tourism destination

第五章　旅游资源评价开发案例分析
Chapter 5　Case analysis of tourism resources evaluation and development

第一节　旅游资源评价案例分析　　　/139
Case analysis of tourism resources evaluation

第二节　旅游资源开发要素案例分析　　　/143
Case analysis of tourism resources development elements

参考文献
References

第一章

景区规划案例分析

本章以旅游景区规划建设为主,主要通过中小型景区总体规划案例分析、乡村旅游开发与产业振兴规划案例分析、特色小镇旅游发展总体规划案例分析等三个案例,展示并探讨不同类型景区旅游规划中的问题及注意事项。

第一节 中小型景区总体规划案例分析

景区规划需要根据甲方投资能力、开发经营能力和自然条件确定景区规划档次定位,根据资源禀赋、独有特质确定规划类型,根据市场需求进行产品定位。中小型旅游景区在规划设计方面明显区别于中大型旅游景区。本案例以《重庆涪陵·碧水欢乐谷景区总体发展规划》为例进行分析展示。该案例由本团队撰写,在进行教学案例编写时,对其进行大量改变、删减和技术处理,在不产生其他影响的情况下方便教学使用。同时在案例中设置了部分缺陷,以供课堂讨论。

案名《重庆涪陵·碧水欢乐谷景区总体发展规划》。小型景区案名应以"省市区县+规划案名"命名,突出地理位置,以方便人们进行地理确认。稿件需标明征求意见稿、评审稿、送审稿或最终稿等字样。

一、规划总则内容及要求

（一）规划目的

规划目的是规划首先要说明的核心问题,说明该项目在区域产业布局中的地位和作用。

为丰富涪陵旅游产业发展、拓展青少年城市户外健身场所、促进城市健身娱乐产品升级,提升涪陵江北城区旅游综合吸引力,促进江北城区旅游业与经济社会的全面、协调、可持续发展。依托涪陵"四城同创",打造山地健身娱乐国家AAA级景区。为指导涪陵碧水欢乐谷景区(以下简称碧水欢乐谷)科学合理地发展,特编制《涪陵碧水欢乐谷景区总体发展规划》(以下简称本规划)。

（二）规划范围

规划范围要明确规划的红线、蓝线。

本次规划范围在涪陵江北街道碧水社区(具体范围略),总面积1000亩;另外,为美化提升项目的动线、视线,将规划周边的山林绿地纳入生态景观控制范围,共计200亩。

(三)规划期限

规划期限包括短期、中期和长期规划,总规一般为长期规划。

本次规划时间为2017—2025年,近期2017—2018年(建设Ⅰ期),中期2019—2020年(建设Ⅱ期),远期2021—2025年(建设Ⅲ期)。

(四)发展规模

发展规模是对未来景区发展的预测,需要按照一定的模型对景区未来客流量进行预测。

园区项目建设采取主题公园滚动建设、不断新增的策略,总投资额0.907亿元,建设主题工程分为三期:

建设Ⅰ期(2017—2018年):用地76亩,预计年均客流量8.5万人次;

建设Ⅱ期(2019—2020年):用地37亩,预计年均客流量11.5万人次;

建设Ⅲ期(2021—2025年):用地32亩,预计年均客流量18万人次。

(五)规划原则

规划原则是景区规划纲领和准绳,为规划设计和甲方实施提供指导性原则。

规划原则是为工作提供指导性的原则,体现规划未来的走向,是规划思想的集中展示之一。如统筹规划,科学发展原则;市场导向,专业发展原则;产业升级,综合发展原则;融入城市,主题发展原则;项目落地,小步快跑原则等。

(六)规划依据

规划依据包括法律依据、法规依据、政策规范、技术规范和上位规划等,是规划文本的上位文件,不可抵触、不可忽略,否则规划文本可能是无效的或存在重大的隐患。有关规划依据如下。

《中华人民共和国城乡规则法》(2008)。

《重庆市城乡规划条例》(2009)。

《重庆市城市规划管理技术规定》(2012)。

《旅游规划通则》(GB/T18971—2003)。

《旅游景区质量等级的划分与评定》(修订)(GB/T17775—2003)。

《城市用地分类与规划建设用地标准》(GB50137—2001)。

《"十三五"旅游业发展规划》(2016)。

《国务院关于印发"十三五"旅游业发展规划的通知》(国发〔2016〕70号)。

《国务院办公厅关于印发国民旅游休闲纲要(2013—2020年)的通知》(国办发〔2013〕10号)。

《关于加大改革创新力度加快农业现代化建设的若干意见》(国办发〔2015〕1号)。

《三峡库区经济社会发展规划》(2004年)。

《重庆市城市总体规划》(2007—2020年)。

《重庆市国民经济和社会发展第十三个五年规划纲要》(2015年)。

《重庆市建设国际知名旅游目的地"十三五"规划》(2016年)。

《重庆市林地保护管理条例》(1998年)。

《涪陵区国民经济和社会发展第十三个五年规划纲要》(2015年)。

《关于加快旅游产业发展的意见》(涪陵委发〔2014〕14号)。

《重庆市涪陵区城市总体规划(2004—2020年)》(2011年修改)。

《重庆市涪陵区区域城镇体系规划》(2002—2020年)。
《重庆市涪陵区"两江四岸"总体城市设计》(2010年)。
《重庆市涪陵区旅游发展规划(修编)》(2011年)。
《重庆市涪陵区旅游业发展"十三五"规划》(2016年)。
《涪陵区综合交通规划修编》(2014年)。
《涪陵区总规修编用地地灾调查评价报告》(2005年)。
《涪陵区总规修改拓展区用地地质环境影响评估报告》(2011年)。
其他与规划编制相关的法律、法规和技术规范。

二、目标定位

中小型景区目标定位要聚焦,特色要鲜明,才能在区域旅游产业布局中找到自身准确的位置,具备竞争的比较优势。

(一)主体定位

以健康教育市场份额快速增长为依托,以城市休闲娱乐快速发展为引领,以城市青少年户外健身娱乐为核心,以打造涪陵江北山地主题公园为目标,建设集山地健身、水上娱乐、欢乐秀场、休闲度假功能于一体的健身娱乐休闲AAA级景区。

(二)形象定位

形象定位为:一座反机械化的欢乐谷。

(三)功能定位

青少年健康教育:寓教于乐,在拓展、挑战、刺激的玩乐中,培养青少年的自信、勇敢、团队精神,协助舒缓青少年情绪、心理问题,促进青少年身心健康成长。

青少年健身娱乐:以山地拓展、竹林运动、洞穴探险、欢乐秀场等项目满足青少年城市户外健身娱乐需要。

亲子休闲度假:以城郊特色餐饮、养生汤池、郊野漫步、龙脉石梁、冰臼奇观等项目,满足城市周末家庭亲子休闲度假需要。

(四)市场定位

总体市场定位:以涪陵区为核心市场,其他区县为潜力和机会市场。

细分市场定位:学生市场包括山巅速滑、盗洞速降等满足大学生、中学生刺激娱乐等需求;亲子市场包括玉米沙滩、儿童水寨等满足亲子互动等需求;休闲市场包括山地健身、养生泡池、冰臼奇观等项目满足周末休闲度假等需求;特殊市场包括丛林拓展等满足释放情绪、舒缓压力的健康教育等需求。

(五)产业定位

以娱乐产品为根基,重点发展"惊险娱乐+特色餐饮+健康休闲+教育拓展"的复合型产业业态。

三、空间布局

(一)总体布局:本项目以"一核两轴七区"为空间总布局

"一核":欢乐秀场区为核心;"两轴":以通往山地欢乐区的上山干道和通往冰臼休闲的欢乐秀场干道为两轴;"七区":欢乐秀场区、竹林运动区、山地欢乐区、特色餐饮区、汤池养生区、森林民俗区、冰臼休闲区。

（二）分区规划

1. 欢乐秀场区——综合娱乐区

规划思路：以儿童水上乐园为基点，进行空间和功能拓展，使其成为碧水欢乐谷核心区域。空间上南部覆盖游客中心区域，北部涵盖儿童攀岩区域。功能上主要包括欢乐舞台、水岸秀场、趣味攀岩、玉米沙滩，满足人们对互动展演场地的需求和儿童多项目活动的需求。

功能定位：水上乐园、欢乐秀场、儿童娱乐。

占地面积：60亩。

支撑项目：欢乐水世界、水岸秀场、趣味活动、休闲茶饮、玉米沙滩、屋顶滑梯、儿童攀岩。

2. 竹林主题区——竹林休闲运动区

规划思路：依托茂密清幽竹林，结合民房、沟渠、缓坡、竹林等独特的地形特征，针对大学生等青年竹林活动需求，设计林下活动区域，打造雅静、神秘和欢乐运动主题活动区域。

功能定位：竹林主题活动。

占地面积：245亩。

支撑项目：竹林COS play、丛林营救真人CS、竹林书吧、七彩滑草、急速滑道。

3. 山地欢乐区——山地健身运动区

规划思路：在原生林地、山体、自然景观的基础上，结合山地丛林宜动宜静的特点，在区域设置动静结合两大功能。欢乐运动主要以惊险刺激项目和运动拓展项目为主，林间静态项目主要以森林静思、山巅赏景为主。

功能定位：山地运动、林间漫步。

占地面积：200亩。

支撑项目：山巅速滑、定向热气球、丛林拓展、森林健身、龙脉石梁、望江亭、童心古寨、林间静思。

4. 特色餐饮区——综合餐饮娱乐区

规划思路：依托现有农家乐餐饮和独特的地形特征，利用山地崖壁地势，新增吊脚楼风格综合餐饮用房、娱乐用房和养生泡池配套用房，形成独特的山地建筑景观和夜间活动舞台。

功能定位：特色餐饮、综合娱乐、配套用房。

占地面积：20亩。

支撑项目：民俗餐饮、碧水吊脚楼、碧水大舞台。

5. 汤池养生区——山地养生泡池区

规划思路：利用台地、山丘及植被特征，结合独特的自然人文风光，满足非炎热季节人们戏水需求，在台地、山坡、崖壁等处布置立体户外汤池，打造独特的林地氧吧养生汤池体验。

功能定位：养生汤池、雅致体验。

占地面积：30亩。

支撑项目：崖壁汤池、养心木屋、养生服务、室内休闲。

6. 冰臼休闲区——精致山水休闲区

规划思路：依托景区内独特的冰臼奇观、狮子山石林、天坑、乡野风光和江城景观，以及与外界相对隔绝的独特区位，打造精致山水休闲活动区域，满足部分游客对雅致景观的需求。

功能定位：精致山水休闲活动区。

占地面积：20亩。

支撑项目：冰臼奇观、狮子山石林、碧水湖、盗洞速降、盗洞寻宝、360度生态餐厅、远眺亭。

7. 森林民宿区——特色林地民宿区

规划思路：利用民房遗迹、台地、坡地和林地自然风光，分散建设森林民宿，满足过夜游客的住宿需求。

功能定位：林间庄户民宿。

占地面积：80亩。

支撑项目：林间民宿。

8. 接待服务区——综合接待服务区

规划思路：利用平整地块，建设碧水欢乐谷游客接待中心、游客广场和生态停车场等，满足景区的接待需要。

功能定位：游客中心、生态停车场。

占地面积：25亩。

支撑项目：游客中心、碧水欢乐谷广场、碧水攀爬墙、碧水溜溜坡、生态停车场。

9. 原野山林区——生态原野山林

规划思路：本规划定位城市山地主题公园，原生山林是重要城市生态景观，需要重点保护和强化，留给游客以"人在城市、身在乡野、欢乐谷内、雅静怡然"的感觉。

占地面积：规划范围内320亩，生态景观控制范围200亩，共计520亩。

支撑项目：原乡别院。

四、土地利用

土地利用是甲方十分重视的部分，土地性质的不同影响规划审批工作、后续修建性规划和甲方投资经营管理等诸多方面。

涪陵欢乐谷景区总规划面积1200亩，原生林地、生态景观等占总规划面积的87.9%，规划总用地面积145亩（9.533公顷），占总规划面积的12.1%。具体土地利用状况如下（见表1-1）。

表1-1 土地利用状况汇总表

类别	代码		用地名称	面积		比例/(%)
				公顷	亩	
规划范围内建设用地	A2		旅游设施用地	4.169	62.54	43.1
	R2		二类住宅用地	0.158	2.37	1.6
	B1		商业用地	1.34	20.10	13.9
	B1R1		商住混合用地	0.997	16.95	11.7
	S		道路与交通设施用地	1.501	22.52	15.6
	其中	S1	道路用地	0.251	3.76	
		S4	配套公共停车场用地	1.216	18.24	
	G		绿地与广场用地	1.368	20.52	14.1
合计				9.533	145	100

（一）旅游设施用地

规划范围内旅游设施用地 62.54 亩，占总用地面积的 43.1%。主要用于欢乐秀场、游客中心、冰臼休闲、汤池养生、丛林拓展等，以及旅游厕所、景观亭台、景观小品等配套设施建设。

（二）商业用地

规划范围内商业用地 20.10 亩，占总用地面积的 13.9%。主要用于特色美食街等休闲体验设施的建设。

（三）商住混合用地

规划范围内商住混合用地 16.95 亩，占总用地面积的 11.7%。主要用于休闲娱乐、度假配套设施的建设。

（四）绿地与广场用地

规划范围内绿地与广场用地 20.52 亩，占总用地面积的 14.1%。

（五）道路与交通设施用地

规划范围内道路与交通设施用地 22.52 亩，占总用地面积的 15.6%，其中配套公共停车场用地 18.24 亩，道路用地 3.76 亩。

（六）住宅用地

规划范围内二类住宅用地 2.37 亩，为保留拆迁居民楼，占用地面积 1.6%。

五、道路交通

景区交通网络影响客流进入景区以及景区内旅游活动感受，交通路网设计是否合理，影响到景观整体布局、观赏效果、游客滞留等诸多问题。

（一）对外交通

碧水社区城市交通网络，基本满足景区日常交通需求。在涪垫路碧水九队处设景区大门，进出游客方面，交通条件良好。在公路两侧布置碧水欢乐谷景区标示标牌，在长江大桥出口处布置广告标牌。

（二）内部交通

内部交通由两条景区主干道、三条次干道、游步道和健身步道组成，串联各个组团板块，主干道 6—7 米，次干道 4—5 米、电瓶车专用道 3—4 米、游步道及健身步道 1—1.5 米。

（三）静态交通

公交停车点：建议在 104 个公交车站的基础上，改扩建标准公交车站，并冠名碧水欢乐谷车站。公共停车场：规划在景区大门设置生态停车场，可容纳 120—200 辆大巴车和小客车，满足景区日常经营需要。同时规划建设备用停车场，满足景区峰值游客停车需要。共用地 18 亩。

六、绿地与景观系统

生态绿地系统是景区规划留白的核心部分，也是景区景观设计的重要内容。景区大型绿植的配置情况，不仅是景观美化作用，而且影响到夏天旅游活动遮阴等基本功能。

（一）绿地系统规划

绿地系统规划包括：①公园绿地。规划公园绿地主要位于养生汤池区域，山巅速滑起点、终点区域,冰臼休闲区域,森林民俗区域和屋顶滑滑梯到碧水湖一带。共计 20 亩。②景观绿地。规划采取林内布点、林下景观的设计理念,景观绿地集中于狮子山、竹林主题区和山地欢乐区等,绿地是碧水欢乐谷主要底色。③原生态绿地。规划对景区内生态原野山林采取严格的保护措施,对生态景观控制范围的生态旅游地同样采取严格的管控措施。④生态停车场。规划公共停车场,严格按照生态停车场标准建设。

(二)景观系统规划

规划以"四季更迭、远近结合"景观设计原则,通过借景、隔景、障景等手法,将远景、近景、俯景、仰景等有机搭配,形成山岳峡谷、江山城市、建筑绿地有机结合的景观体系。①四季景观规划依据碧水欢乐谷独特的地缘优势,打造四季景观,在不同季节展示不同的景观、景致,春季以赏花踏青为主,夏季以避暑消夏为主,秋季以果木江山为主,冬季以暖阳闲散为主。②灯影景观规划以欢乐秀场为核心,打造灯光舞台秀等灯光照明体系,形成独具特色的夜间娱乐景观照明体系。③干预性景观规划通过房屋建筑、景观小品和大型乔木,对景区景观进行借景、隔景、障景等处理,远借城区景观、长江落日、层峦叠嶂,近借高速、长桥、原乡、农家,俯借欢乐秀场、特色餐饮建筑景观,仰借森林民俗、山体汤池等景观。通过人工景观干预,打造立体的景观体系。④建筑景观规划以欢乐秀场、特色餐饮、森林民俗等建筑群落,打造完善的建筑景观体系。

七、市政基础工程

市政工程是景区看不到的基础性工程,要通过公式准确预测最优市政工程投入方案,既可以避免先期投入过大,也可以预防后期改造工程的浪费。

(一)给水工程规划

至规划期末,园区最高日用水量为 650 吨/日,供水水源为江北水厂,从江北水厂铺设供水管网至园区,主管长度 2 km 左右,管径 DN160—DN200。园区内供水管线设置均埋地敷设,干管可依托国道人行道敷设,支管依托干管,形成局部供水环线。干管管径为 DN150—DN300,支管管径为 DN100—DN150。

(二)排水工程规划

规划采用雨污分流的排水体制,至规划期末,园区最高日污水量为 600 吨/日。污水经收集后,集中排入园区南侧的江北街道办事处污水处理厂处理。园区内污水管道埋地敷设,干管管径为 DN200—DN300。

园区内规划雨水管渠沿道路布置,管道宜埋地敷设,明渠上覆雨水篦子,并在重要位置设置排水渠,充分结合道路标高和地块的自然地形,经收集后排入长江。汇水面积较大的山坡处规划有建筑物,在建筑物外围上坡侧设置排洪渠。

(三)电力工程规划

至规划期末,园区最大用电负荷为 2430 kW,园区电源为 10 kV 外部公用线路,规划 1 处变电箱,供电线路及低压配电线路均采用地下敷设方式。

(四)电信工程规划

至规划期末,园区内固定电话用户总数为 48 部,电话交接箱容量应在覆盖区用量的基础上考虑不低于 30%的发展余量。电信线路均采用地下敷设方式,结合游客服务中心设置邮政营业点一处。

（五）燃气工程规划

至规划期末，园区最高日用气量约为450立方米。园区内燃气管道均沿国道防护绿带或人行道敷设。

（六）环卫工程规划

规划末期园区日产垃圾1.9吨，统一运往城区的处理厂处理。结合园区南部的停车场，规划下沉式密闭垃圾收集站一处，占地100平方米。

（七）综合防灾规划

防震规划：所有新建、改扩建工程必须严格执行国家标准《建筑工程抗震设防分类标准》（GB50223）的规定。新建工程必须按《建筑抗震设计规范》（GB50011—2001）的有关规定进行设计和审批。园区内绿地除满足自身基本功能要求和有关规范外，在抗震减灾方面，这些设施布局要满足作为临时避震场所的规定与要求。

消防规划：消防水源以市政管网供水为主。建筑物内部的消防设施和器材应完善配套，并定期检查。室外消火栓应沿道路设置，间距不超过100米，保护半径不大于120米，覆盖率达到100%。室外消防给水管网应布置成环状。室外消防给水管道直径不小于100毫米。

防洪规划：排涝标准参照国家标准《室外排水设计规范》，排涝标准选用重现期为5年一遇的降雨，排除区域内低洼地区因降雨积水而形成的内涝。

地质灾害防治规划：地质灾害的防治将以防为主，防治结合，突出重点，综合治理。在进入下一层次的规划、工程项目设计阶段时，必须根据重庆市国土资源和房屋管理局印发的《地质灾害危险性评估规程》，对规划区进行相应阶段的地质灾害危险性调查评价和地质勘察，为规划建设工作提供地质依据。

八、景区容量与环境保护

（一）景区容量

至规划期末，园区日游客容量为0.18万人次，最大年游客容量为40万人次；园区最佳年游客容量为36万人次。

（二）环境保护

水质：地表水达到《地表水环境质量标准》（GB3838—2002）的Ⅱ类标准以上。空气：园区空气质量达到《环境空气质量标准》（GB3095—2012）的一级标准。噪声：园区休闲度假区噪声质量昼夜维持在《城市区域环境噪声标准（GB3096—2008）》的一类标准（白天50分贝，夜间40分贝）。其他分区控制在二类标准以内（白天55分贝，夜间45分贝）。土壤：土壤环境质量标准达到《土壤环境质量　建设用地土壤污染风险管控标准（试行）》（GB36600—2018）的一级标准。固体废弃物：固体垃圾及废弃物集中处置率达90%以上。

九、分期规划与实施保障

（一）分期建设规划

园区建设可分为两个阶段：园区的建设工作在近期（2016—2020年末）完成，结合分区，分为三期，以实现滚动开发、逐步建设、降低风险。至2017年完成文化展示体验区的建设和招商工作，并在当年实现试运营；至2019年完成休闲娱乐区的建设和招商工作，实现运营；至2020年末，完成度假配套区的建设和招商工作，实现园区的全面运营。园区道路设施随分期建设逐步完成；市政等基础设施，结合所在区域规划情况，主干管网可一次建设完成。

远期（2021—2025年）为优化提升期，逐渐提高园区的服务质量，开发优质的软性活动、表演等，不断提升园区在涪陵、重庆的知名度，打造涪陵旅游新的增长点、涪陵文化旅游的新品牌。

（二）规划实施策略

（1）总体策略：初期引爆涪陵市场，中远期重点挖掘重庆市场。产品策略：寓教于乐，深挖文化的可体验性及可消费性，弥补资源劣势。开发策略：近期打造文化以及游乐型目的地，产品供应不足情况下，竞争抢人气；中期打造休闲目的地，转型休闲，差异发展；远期打造休闲度假目的地，立足季节性、资源性差异，错位发展。

（2）模式建议以文化旅游产业投资为主线，二级开发为支撑，多维度溢价。旅游产业运营与物业开发销售是基础的核心盈利环节；存在品牌、资本、土地、产业链等多维度溢价空间。

开发模式：分期开发，近期做欢乐秀场、汤池养生等；远期做休闲度假。

投资模式：合作投资，先轻后重，均衡投资比重。

收益模式：基于项目收益权设计，旅游运营类收益、物业类收益、其他收益等共存。

溢价模式：四类溢价方式，中期关注产业端、品牌溢价，中远期关注土地、资本端溢价。

融资模式：构建多元化融资组合，前期建议优选政策性融资、项目融资、战略投资融资等方式。

运营模式：产品式、景区式、园区式、度假区式多种运营模式联动。

十、附则

（1）本规划由文本、图纸和说明书三部分组成，规划文本和图纸具有同等法律效力，未经法定程序，任何单位和个人无权对本规划做出变更。

（2）本规划经批准后，将作为园区发展与建设的技术性行政法规，是编制区内各类规划设计的依据，在园区内一切从事涉及土地开发、建设和空间资源利用的行为均有法律约束力。园区范围内编制和实施的规划，使用土地和进行各项建设活动除执行本文本外，还应符合国家现行的法规标准与规范的要求。

（3）本规划批准之日起，园区内原有各总体规划和详细规划等，凡与本规划有冲突的，均应以本规划为准。

十一、教学指导说明

（一）教学目的与用途

1. 案例使用课程

本案例适用于《旅游资源规划与开发》理论教学及实训课程，用于让学生对比分析大型景区旅游资源规划与开发与中小型景区的差异。

2. 案例教学目标

让学生通过案例，直观感受旅游资源规划与开发不同类型规划的差异性，为学生能够针对不同类型的景区展开具体的规划设计提供学习案例。

（二）启发思考题

（1）中小型景区有哪些特点，与大型景区规划相比设计存在哪些差异？

（2）中小型景区细分市场定位为什么要聚焦，怎样设计产品才能确保定位聚焦。

(三) 背景信息

1. 目标定位和市场定位的关系

案例中没有明确给出目标定位的考量向度、影响因素,以及对投资主体进行分析(投资能力、投资趣向、经营理念等),市场定位缺少对市场调研具体分析、竞争关系分析、市场潜力分析等。同时确实少二者的逻辑关系分析。

2. 交通区位和资源禀赋的关系

案例没有明确交代交通区位、经济区位、旅游区位等关键背景分析要素,主要让学生认识小型景区对外部吸引力不足的情况下,这些要素的营销影响力究竟有多大。没有对资源禀赋进行交代分析,想让学生意识到中小型景区资源禀赋较低是普遍现象,如何将现有资源进行产品设计整合,才是小型景区规划设计的关键。

(四) 关键要点

(1) 中小型景区规划经费少、投资者诉求更直接,产品设计的直观性更强烈,如何平衡规划设计投入和产出的关系,同时能够满足投资方、评审机构和地方政府要求是需要重点考虑的问题。

(2) 如何抓住"唯一"性,让中小景区能够在区域旅游产业布局中独树一帜,在细分消费领域有一定的竞争力和度创新。

(3) 培养学生对中小型景区规划设计的思考。

(五) 建议课堂计划

(1) 授课形式:建议小组讨论式教学方式。

(2) 授课时长:2个课时,让学生真正认识到中小型景区规划中存在的具体问题和关键要素。

(3) 课后作业:建议学生撰写研讨结论,或者进行中小景区模拟规划实训。

(刘军林)

第二节　乡村旅游开发与产业振兴规划案例分析

一、案例背景

党的十九大提出实施乡村振兴战略,是以习近平同志为核心的党中央着眼党和国家事业全局,顺应亿万农民对美好生活的向往,决胜全面建成小康社会、全面建设社会主义现代化国家提出的一项重大历史任务,是新时代做好"三农"工作的总抓手。为促进精准脱贫与乡村振兴工作的有机衔接、协同推进,科学有序推动产业、人才、文化、生态和组织振兴,实现产业兴旺、生态宜居、乡风文明、治理有效、生活富裕的总要求,乡村旅游开发及相关产业融合振兴是西部地区乡村精准脱贫与乡村振兴的有效手段之一。

本次选取《重庆市城口县周溪乡鹿坪村乡村旅游与产业振兴规划(2018—2022年)》其中的主要篇章作为教学案例,主要对乡村旅游发展背景、产业振兴工程及乡村旅游几个部分进行案例阐述,以供教学参考和课堂讨论。

二、案例分析

（一）规划总则

1. 规划目标

旅游规划作为一种战略安排，能够在旅游地开发和发展过程中综合协调各利益相关者间的关系，从而实现旅游地的可持续发展，也是当前西部地区实现乡村振兴和产业发展的有效途径之一。

为促进精准脱贫与乡村振兴工作的有机衔接、协同推进，描绘重庆市城口县周溪乡鹿坪村发展新蓝图、新愿景，科学有序推动产业、人才、文化、生态和组织振兴，按照产业兴旺、生态宜居、乡风文明、治理有效、生活富裕的总要求，根据重庆市社科联的工作部署，结合城口县周溪乡党委、政府提出的"避暑城口·养生鹿坪"的发展定位，瞄准国家级"生态文明村"的建设目标，坚持"绿水青山就是金山银山"战略思路，发挥鹿坪村"生态环境+生态产业+生态旅游"融合功能和价值功能，前瞻性地对鹿坪村实施乡村振兴战略作出阶段性谋划，特编制《重庆市城口县周溪乡鹿坪村乡村旅游与产业振兴规划(2018—2022年)》。

2. 项目名称

《重庆市城口县周溪乡鹿坪村乡村旅游与产业振兴规划》(2018—2022年)不仅仅是乡村旅游总体规划，也是基于乡村振兴背景对整个乡村产业发展进行的谋划。

3. 规划性质

规划性质是对规划案例的实质、地位及作用体现。本规划旨在对鹿坪村实施乡村振兴战略作出阶段性谋划，是鹿坪村乡村旅游与产业振兴的指导和规范性文件。

4. 规划范围

界定项目规划范围，有利于明确一定空间形态下的资源现状调查和分析，对后续旅游开发与产业振兴进行科学的研判。本案例基于整个乡村全域发展的目标，规划范围为鹿坪村全域，地处东经108°43′，北纬31°83′，全村幅员面积约17.67平方公里。鹿坪村规划范围如图1-1所示。

5. 规划期限

本规划是对鹿坪村实施乡村振兴战略作出的阶段性谋划，因此规划期限不宜过短或过长，属于中期规划，从2018—2022年，共5年。

6. 规划依据

规划必须在相应的法律规范、标准术语的情境下进行规划设计。我国旅游目的地开发涉及旅游、林业、建设、文物、环保、宗教、水利等多个政府部门进行管理，这就决定了旅游规划除了受到旅游发展标准术语的规范引领外，还必须受到有关法律法规、政策意见的限制，且大部分为强制性法律条例，旅游规划项目必须要在规定范围内才会被允许实施。

1) 法律和法规

《中华人民共和国城乡规划法》。

《中华人民共和国环境保护法》。

《中华人民共和国森林法》。

《中华人民共和国土地管理法》。

《中华人民共和国水法》。

《中华人民共和国文物保护法》。

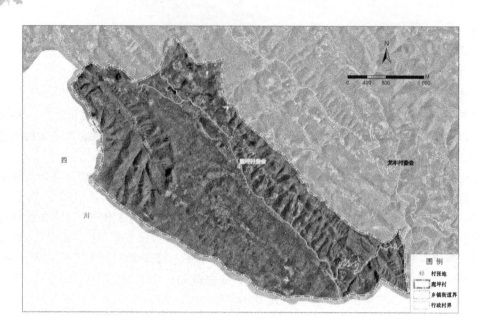

图 1-1 鹿坪村规划范围图

《旅游发展规划管理办法》。

《旅行社管理条例》。

《风景名胜区管理条例》。

《自然保护区条例》。

2) 相关规范、标准

《旅游规划通则》(GB/18971—2003)。

《旅游资源分类、调查与评价》(GB/18972—2017)。

《旅游业基础术语》(GB/T 16766—2017)。

《电子商务交易产品信息描述 旅游服务》(GB/T 33989—2017)。

《旅游厕所质量等级的划分与评定》(GB/T 18973—2016)。

《旅游景区游客中心设置与服务规范》(GB/T 31383—2015)。

《旅游景区质量等级的划分与评定》(GB/17775—2003)。

3) 相关规划与计划

《重庆市城口县旅游发展规划》(2014—2020 年)。

《重庆市城口县乡村旅游总体规划》(2016—2025 年)。

《重庆市城口县周溪乡规划》(2017 年编制)。

7. 规划原则

旅游规划原则是实现旅游规划目标要求的基础条件,有效保障旅游地发展的各方诉求。

1) 坚持农民主体

充分尊重农民意愿,切实发挥农民在乡村振兴中的主体作用,调动全体村民的积极性、主动性、创造性,注重社区参与,把维护农民群众根本利益、促进村民共同富裕作为出发点和落脚点,不断增强村民的获得感和幸福感。

2) 坚持产业融合

积极发展"避暑休闲旅游",推动生态环境、乡村旅游、特色农产品种植加工、乡土文化传承

3) 坚持市场导向

以市场为导向,以供需关系为核心,充分考虑不同级别市场需求以及不同细分市场偏好,突出差异性和针对性。

4) 坚持精品打造

牢固树立精品意识,避免把绿水青山贬值为铁山铜山。紧紧依托环境、生态和资源优势,开发具有优势竞争力的精品,杜绝同质化、低质量的旅游开发和农业开发。

5) 坚持生态保护

严格遵循建设项目环境管理的有关法规,严格项目准入,充分考虑鹿坪村的环境承载力以及自然生态体系的维持,实现经济效益、社会效益和环境效益最优化和持续化。

6) 坚持党建引领

推进生态环境—生态旅游—生态产业的融合与振兴,坚持党组织对生态乡村建设的目标引领,强化基层党组织建设的战斗堡垒作用和党员的先锋模范作用,充分发挥集体经济组织的支撑作用,稳步推进目标落实落地。

(二) 自我认知

在旅游规划中需要调查和分析影响旅游业发展的外部环境要素,首先即是对旅游目的地内部自然社会环境、旅游资源、产业发展等进行必要梳理。

1. 自然地理背景

1) 地理位置

明确旅游项目所处的地理位置及其与周边地区的关系,有助于市场距离分析和区域性旅游产品及线路设计。

鹿坪村位于周溪乡西部,东面与龙丰村、青坪村相连,西面、南面与四川省接壤,北靠双河乡,距城口县城90余公里,距周溪乡政府16.4公里。地处东经108°43′,北纬31°83′,全村幅员面积约17.67平方公里。为秦巴山区中典型的山地形村落,处于九重山、百里峡、龙潭河三个景区节点处。远离城市喧嚣、环境优美。鹿坪村村委会位于4组村道旁,南面通往周溪乡场镇。

2) 气候条件

气候条件既是旅游发展的环境影响因素,也是旅游资源构成要素,同时影响乡村农业发展结构。

鹿坪村是典型的高山村,属亚热带温湿气候,年均气温13.8 ℃,年均日照时数1534小时,平均无霜期234天;年均降雨日166天,年均降水量1261.4毫米,降水趋势由西南向东北渐少,风向多为西南风。山高谷深,高差大,有山区立体气候的典型特征,特征明显的垂直气候,造就了丰富的自然景观,既有利于多种动植物的生长繁育,又非常适宜发展休闲旅游。

3) 地形风貌

一是地形地貌类自然旅游资源进行识别,二是鉴别当地旅游发展可能面临的地质灾害风险。

鹿坪村位于大巴山南麓,属大巴山弧形断褶带的南缘部分,由一系列西北至东西走向的雁列式褶皱和冲断层组成,褶皱紧密,断层密集,排列较为整齐,岩层走向为北西至南东向,并向南弧形凸出。山岭均由北西向南东展布,岭谷相间,相对高差大,山势崎岖,山高谷深,地势起伏大,生态环境较好,动植物资源丰富,森林覆盖率高。境内有九重山原始林区,4组天宝寨、大小尖包山体风景,景色迷人。全村地貌类型丰富,森林、峡谷、河流等地貌特征多样,适宜立体开发。根据国土部门提供的《重庆市城口县地质灾害分布及易发程度分区图1:20万》资料显示,鹿坪村全村处于地质灾害低易发区,目前全村无地质灾害隐患点。

4) 场地认知

高程及坡度坡向分析有利于科学地分析规划项目的地形变化和景观视线情况,同时也有助于对项目地块的功能性建设进行合理配置。

(1) 高程分析。

鹿坪村整体海拔高度介于841.8米至2409.2米之间,独立地理单元特征明显。全村地形起伏较大,极少有平地。项目地块地形变化丰富,明显呈现出四周高中间低的山谷类地形,鹿坪村基地及四周高地均具有良好的景观视线。

(2) 坡度分析。

鹿坪村地貌以高山丘陵为主,坡度大于25度的面积占全村面积的70.50%,是村内的主要坡度类型。坡度在15度至25度之间的面积占全村面积的20.54%;村内各山脚区域地势相对平缓,坡度小于5度的面积占全村面积的1.35%,主要分布在村内山坡平缓区域。坡度分级统计表如表1-2所示。

表1-2 坡度分级统计表

序号	坡度/(度)	面积/(公顷)	百分比/(%)
1	<5	23.78	1.35
2	5—15	134.57	7.61
3	15—25	362.95	20.54
4	>25	1245.89	70.50
合计		1767.19	100

根据《城市规划基本术语标准》(GB/T5028098),将规划范围内用地分为:

①平坦场地(0—5度):此类场地包括坡度小于2度的平坡地和2—5度的缓坡地,平坦场地内车行道及建筑布置不受地形影响。

②中坡地(5—15度):此类场地车行道布置不宜垂直于等高线布置,建筑布局受到一定限制。

③陡坡地(15—25度):此类场地车行道布置与建筑布局均受到较大限制。

④急坡地(25—45度)和悬崖地(45度以上):此二类用地车行道布置及建筑布局均需要进行特殊处理,一般不适于用作建设用地。

5) 坡向分析

根据统计分析村域以坡向东北为主,占全村幅员面积的34.56%。其次是坡向北、坡向西南,分别占全村幅员面积的12.60%、12.47%;坡向东南、坡向西北的山坡面积最少,分别占全村幅员面积的5.25%、6.13%;村内平地极少,其余坡向相对平均。坡向统计表如表1-3所示。

表1-3 坡向统计表

序号	坡向	面积/(公顷)	百分比/(%)
1	北	222.75	12.60
2	东北	610.74	34.56
3	东	208.30	11.79
4	东南	92.76	5.25
5	南	117.98	6.68
6	西南	220.44	12.47
7	西	185.89	10.52
8	西北	108.34	6.13
合计		1767.19	100

2. 社会经济背景

了解项目所在地域的社会经济背景对旅游规划与产业振兴是非常重要的,例如人口结构体现了劳动力供给情况,为旅游人力资源规划提供重要依据;分析第一、二、三产业发展情况有助于了解旅游业与其他经济部门间的关系,以及其他影响旅游业经济的经济要素,同时对经济背景的了解也是确定旅游投入和预测旅游收益的重要依据;了解土地利用现状是为了更合理地选择旅游项目的用地,其中对土地使用权和所有权的梳理是帮助进一步分析某个地块能否用于旅游开发。

1) 人口结构

全村辖六个社,203户,829人,主要为汉族散居形式。现有户籍人口812人,总户数203户,户均4人;户籍人口男女比例约为138∶100;农业人口652人,非农业人口160人。本村户籍人口中,外出常住村外的约有300人,外出原因以务工、经商、上学为主。村内流入人口约为50人,主要原因为婚嫁、务工。近年来,随着经济的发展,流出人口呈逐渐增加态势。户籍人口中61岁及以上老人超过八成留在村内,接近一半的19—60岁人口外出,户籍人口老龄化现象严重。户籍、常住人口年龄结构如表1-4所示。

表1-4 户籍、常住人口年龄结构

人口年龄	0—3岁	4—6岁	7—12岁	13—18岁	19—60岁	61岁及以上	合计
户籍人口	24	28	42	58	460	200	812
常住人口	20	23	38	42	255	184	562

2) 土地利用情况

鹿坪村村内土地利用类型以林地为主,占村域面积的81.70%;其次为耕地,占村域面积的10.33%,分布于村内地势平缓处;村内还分布有较多的草地,占村域面积的4.64%。鹿坪村现有耕地2831亩,林地面积9800亩,村内大力发展中药材及特色农产品种植,种植中药材、魔芋、核桃。土地利用现状分类统计表如表1-5所示。

表1-5 土地利用现状分类统计表

地类	大类	
	面积/(公顷)	百分比/(%)
耕地	182.57	10.33
园地	10.17	0.58
林地	1443.66	81.70
草地	82.02	4.64
城镇村及工矿用地	13.95	0.79
交通运输用地	2.76	0.16
水域及水利设施用地	2.29	0.13
其他土地	29.67	1.68
合计	1767.09	100

3)社会经济发展现状

全村经济发展以农业种植、养殖为主,2016年达到人均收入7480元,鹿坪村实现整村脱贫。中药材、木瓜、核桃种植面积较大,养殖方面饲养土鸡、山羊有一定规模,比较有经济价值。

(1)第一产业。

全村年产粮食约1180吨,种植方面主要以玉米、土豆、红薯为主,目前全村玉米种植600亩、土豆种植700亩、红薯种植400亩;经济作物方面种植中药材2250亩(独活1000亩、牛膝800亩、党参50亩、金荞麦100亩、玄参300亩)、魔芋种植400亩、七叶树种植100亩、核桃种植600亩、水果种植方面种植木瓜树900亩;蔬菜种植目前都以村民零星种植,自家食用为主;养殖方面主要以饲养生猪、牛、羊、鸡为主,现目前有养牛大户3户,约有70头牛;养羊大户4户,约有500只山羊;养鸡大户3户,约有3800只土鸡;养猪大户2户,饲养生猪约420头;养蜂大户5户,约有180箱中蜂;全村目前无闲置土地;村内现有1家中药材专业合作社,年产值约为200万。村民生产情况表如表1-6所示。

表1-6 村民生产情况表

农产品类型	种类	数量	合计产量	用途
粮食	玉米	600亩	300吨/年	自用
	土豆	700亩	560吨/年	自用
	红薯	400亩	320吨/年	自用
经济作物	中药材	2250亩	—	出售
	魔芋	400亩	800吨/年	出售
	核桃	600亩	120吨/年	出售
	七叶树	100亩	—	出售
水果	木瓜	900亩	900吨/年	出售
蔬菜	应季种植	—	—	出售

续表

农产品类型	种类	数量	合计产量	用途
禽畜	生猪	800头	—	60%自用,40%出售
	牛	460头	—	出售
	羊	600头	—	出售
	鸡	20000只	—	40%自用,60%出售
	中蜂	180箱	—	出售

(2) 第二产业。

目前村内无第二产业。

(3) 第三产业。

为了适应村内旅游业的发展,村委会发动村民成立了约20家大巴山森林人家餐饮店;目前全村大巴山森林人家餐饮总接待能力240人次,住宿总接待能力100人次;村内还有2家村民自营便民店,可为村民提供生活必需用品。

3. 基础设施条件

基础设施是以满足社区居民和旅游者共同需求为目的,由政府、企业、社会组织等部门提供的具有公共性特征的产品设施,是旅游规划中不可小觑的一个环节,例如旅游的通达性、环境卫生条件、水电设施建设、移动通信条件、旅游电商等皆与生活息息相关。

1) 交通建设

(1) 区域交通。

近十年间,城口县交通建设取得历史性突破。城万快速通道的建设和城口火车站建成通车,使城口县与外界的联系进一步加强。2017年城开高速的建设,意味着城口不通高速的历史即将结束,城口与周边区县联系更加便捷。与此同时,渝西高铁的建设也有利于城口物资的走出去、引进来。

(2) 村内交通。

鹿坪村对外通道为一条水泥硬化的村道,从南面通往周溪乡场镇。目前村内水泥硬化35公里的人行便道已达到全村覆盖,平均宽度为0.6米,为村民与主要村道之间的连接道路。

2) 社区环境改造

2016年新建标准化便民服务中心、村卫生室和村综合文化示范点建设,为鹿坪经济社会发展提供基础保障。周溪乡持续推进环境卫生综合整治,引导群众特别是非建卡贫困户自觉参与改造人行道、改造院坝、改造厨房和厕所等工作,人居环境逐步改变,村民的个人生活习惯得到极大提高。同时对贫困户居住环境进行了大力改造,进行了贫困户住房搬迁和危旧房的改造;门诊救助、教育资助等补助全面兑现,让"两不愁三保障"落地,居民的生活环境得到明显改善。

3) 水电通信设施建设

村内电力由明通35 kV变电站接入,已实现用电全覆盖,村内现有3台变压器。修建有3处农村安全饮水工程,全部水源为山泉水,供应约203户村民的生活用水。目前无生活污水处理设施配套,村民生活污水均散排,少部分村民自建化粪池。沿主村道修建有垃圾池,但未对生活垃圾做统一收集处理,村民生活垃圾散排。村内未接入有线电视,村民均使用卫星设备接收电视信号。现有手机通信基站1个,村内手机信号较差,村内主村道沿线互联网已覆盖,其余未通。

4) 商业与电商平台

为打开鹿坪中药材、瓜果、畜牧制品的销路,促进社区居民与外界的物资交流,鹿坪与中国邮政联合建设农村电子商务服务点,为村民提供网上交易服务;村内还有2家村民自营便民商店,可为村民提供生活必需用品。

4. 旅游资源条件

旅游资源梳理的是旅游地进行开发与规划的必要前提,只有将一个地方的资源状况调查清楚,才能在此基础上对当地的旅游资源进行分类、评价、整合、开发,一个地方的旅游资源禀赋往往决定该地旅游发展的方向和水平。

1) 鹿坪村乡村旅游发展概况

鹿坪村位于九重山、百里峡、龙潭河三个旅游景区节点处,旅游资源富集,是休闲度假、观光旅游的绝佳圣地。村内有"双乳峰""消水孔""干龙洞""万亩竹林""天宝寨""双王庙""金钟伏地""鹿苑山庄"等景点。近年来,在城口县委政府及周溪乡党委政府领导下,按照"严格保护、合理开发、永续利用"的原则,全力加强生态旅游资源保护开发,因地制宜发展避暑纳凉、休闲度假、农耕文化体验、木瓜花观赏为主的乡村旅游,依托中药材、木瓜、花蜜、核桃、土猪、黄牛等特色产业项目,以体验式农庄、旅游特色村落、花果节会等为载体,鹿坪村乡村旅游与农业产业融合新载体不断涌现,初步形成乡村旅游产业和现代农业的均衡发展局面。

2) 鹿坪村旅游资源分类与评价

(1) 旅游资源分类统计。

项目组于2018年7月至9月、2019年3月先后多次对鹿坪村进行旅游资源调研分析,依据《中国旅游资源分类、调查与评价》(GB/T18972—2017)的分类方案形成旅游资源分类统计表(见表1-7)。

表1-7 鹿坪村旅游资源分类与统计表

主类	亚类	基本类型	资源单体
A 地文景观	AA 自然景观综合体	AAA 山丘型景观	九重山
		AAB 沟谷型景观	鹿苑山庄(村委附近)、百里峡
	AC 地表形态	ACB 峰柱状地景	双乳峰
		ACD 沟壑与岩穴	干龙洞
B 水域风光	BA 河系	BAA 游憩河段	龙潭河
C 生物景观	CA 植被景观	CAA 林地	九重山原始林区
		CCD 花卉地	杜鹃花
	CB 野生动物栖息地	CBB 陆地动物栖息地	野猪、豪猪等
		CBC 鸟类栖息地	红腹角雉、白冠长尾雉、金鸡、灰胸竹鸡、白冠长尾雉、红腹锦鸡、绿鹦嘴鹎、酒红朱雀

续表

主类	亚类	基本类型	资源单体
D 天象与气候景观	DB 天气与气候现象	DBA 云雾多发区	九重山云雾
E 建筑与设施	EA 人文景观综合体	EAG 宗教与祭祀活动场所	双王庙
	EB 实用建筑与核心设施	EBK 景观农田	中药材种植基地、木瓜种植基地等
		EBL 景观牧场	山地鸡养殖园区
		EBM 景观林场	万亩竹林
	EC 景观与小品建筑	ECA 形象标志物	鹿坪村梅花鹿雕塑
F 历史遗迹	FA 物质文化类遗存	FAA 建筑遗迹	天宝寨
	FB 非物质类文化遗存	FBB 地方民俗	地方饮食、自然崇拜
		FBD 传统演艺	三人锣鼓、孝歌锣鼓、薅草锣鼓、山歌
G 旅游购品	GA 农业产品	GAA 种植业产品及制品	贴梗木瓜、核桃、猕猴桃、独活、川牛膝、桔梗、野生天麻、杜仲、党参、药蜜
		GAB 林业产品及制品	山核桃
		GAC 畜牧业产品及制品	黄牛、山羊及制品
		GAE 养殖业产品与制品	土猪、山地鸡、腊味制品
7 个主类	12 个亚类	22 个基本类型	46 个资源单体

项目区的主要旅游资源涵盖了《旅游资源分类、调查与评价》方案所规定的分类体系中的 8 大主类中的 7 个主类,23 个亚类中的 12 个亚类和 110 个基本类型中的 22 个基本类型。其中自然旅游资源涵盖 4 个主类、6 个亚类和 10 个基本类型,共有 19 个资源点;人文旅游资源有 3 个主类、6 个亚类和 12 个基本类型,共有 27 个资源点。从数量上来说,鹿坪村旅游资源类型比较丰富,自然资源和人文资源数量基本持平,村内具有丰富的自然和人文资源,这为未来旅游资源开发奠定了良好的基础。

(2) 旅游资源等级评价。

根据中华人民共和国国家标准《旅游资源分类、调查与评价》(GB/T18972-2017),对规划范围内的资源单体进行评价(见表 1-8)。

表 1-8　鹿坪村旅游资源评价表

旅游景点	资源要素价值					资源影响力		附加值	得分	资源等级
	观赏游憩使用价值 30(分)	历史文化科学艺术价值 25(分)	珍稀奇特程度 15(分)	规模丰度 10(分)	完整性 5(分)	知名度与影响力 10(分)	适游期或使用范围 5(分)	环境保护与环境安全 3(分)		
中药材种植基地	25	20	13	9	4	9	3	2	85	四级
瓜果种植园区	22	19	12	8	4	8	4	2	79	四级
天宝寨	20	21	10	9	4	4	3	2	73	三级
双王庙	20	21	10	9	4	4	2	2	72	三级
气候资源	19	17	10	8	4	5	2	2	67	三级
森林村落	15	17	10	8	2	4	2	2	60	三级
田园风光	15	16	8	9	4	4	2	2	60	三级

鹿坪村旅游资源主要属于优良级，自然旅游资源和人文旅游资源有一定基础，其中中药材种植和瓜果种植属于鹿坪具有竞争优势的旅游资源。

5. 问题与挑战

通过内部环境条件及资源梳理，找到旅游发展与乡村产业振兴的问题与阻力，有助于在规划中进行针对性分析和改善。

1) 交通区位整体落后

鹿坪村所处区域属秦巴山边远山区，交通区位整体落后。城口县高速、高铁还在起步阶段，外部交通条件还不够通畅。内部交通条件较低，通村公路还有较大一部分属于等级外公路。出行难、产品运输难、运输成本高、农副土特产品变现难、商品率低等问题仍没有得到根本解决。

2) 配套设施不完善

旅游要素发展参差不齐，"食、住、行、游、购、娱"不健全、不配套。水电基础设施配套不完善，旅游整体发展相对滞后，目前还未形成市场规模。

3) 产业融合不足

鹿坪村林特资源已粗具规模，但农林产品的商品化率低，农业与第三产业融合力度不足。

4) 农旅企业规模较小

乡村旅游的发展仍是政府牵头、个人投资的小规模农园，以家庭经营为主，总体上小、散、弱，发展实力单薄，融资难等问题制约了乡村旅游企业的发展。

5) 专业技术人才缺乏

由于历史条件和居住分散等原因，群众受教育程度普遍不高，接收新生事物和新技术存在差距，现代农业和乡村旅游技术力量缺乏，尤其是现代农业、旅游管理、营销方面的人才欠缺。

（三）发展大环境

对旅游项目进行外部大环境分析，有助于认识项目开发所面临的外部机遇和威胁。结合前面的自我认知把握旅游项目开发的内外环境和条件，增加旅游项目开发的成功性和竞争力具有重大意义。

1. 时代背景

1）乡村步入发展新阶段

在经济发展新常态下，我国人民日益增长的美好生活需要和不平衡不充分的发展之间的矛盾在乡村最为突出，全面建成小康社会和全面建设社会主义现代化强国，最艰巨最繁重的任务在农村，最广泛最深厚的基础在农村，最大的潜力和后劲也在农村。振兴乡村是新时代国家优先发展的区域选择，是党和政府资源优先配置的对象选择，乡村已进入城乡融合、加快发展新阶段。

2）生态旅游趋势强劲

生态旅游市场平均年增长率为20%，为旅游产品中增长最快的部分，保持较为原始的大自然和国家森林公园是生态旅游的首选地，追求低碳生活也是最热的旅游主题。

3）生态休闲农业成为旅游投资新热点

新时代农业领域的拓展和农业价值充满无限的想象空间。休闲时代、旅游时代的到来和文化创意产业的兴起，生态农业、休闲农业、创意农业正在成为现代农业的新亮点，高科技的农业企业也成为创业板、中小企业板的投资首选。

2. 区域新格局

1）区域新要求

随着城万快速通道的建设，鹿坪村即将进入重庆市城口县城、四川省万源市两小时休憩带，拥有200万潜在城市人口旅游消费群体。推进村域经济发展提档升级，要求以生态旅游破局发展和生态产业壮大振兴为主方向，将鹿坪村打造成区域重要的旅游节点和秦巴山区腹地知名的道地药材基地。

2）城口县乡村旅游总体布局

全县以开展全域旅游示范县（乡、村）创建为抓手，按照"一村一品"的思路、"原乡、原味、原生"的理念，发挥海拔、气候、生态、民俗、山水组合等优势，结合特色景观旅游名镇，森林旅游示范县，第一、二、三产业融合发展示范镇，历史文化名镇，农业产业园区及基地等建设，引导全县25个乡镇街道集群化发展形式多样、特色鲜明、个性突出的乡村旅游产品。

（四）战略定位

战略定位既要结合自身的竞争力优势进行差异化定位，同时也需注意与周边旅游地形成区域互补，提升区域整体竞争力和旅游吸引力。

1. 总体定位

围绕"世外九重山、田园周溪河"的全乡整体旅游品牌，以"绿水青山养眼，蓝天净土清肺，中药文化养生，山区美食养胃，民俗文化静心，世外桃源安神"为基本定位，构建生态产业化、产业生态化的资源利用和可持续发展体系，形成人与环境和美、产业与人包容、产业与环境友善的山地乡村生态建设新格局，打造秦巴山腹地生态乡村振兴的样板，成为川渝边区重要的旅游节点和秦巴山腹地知名的道地药材种植基地。2022年成功创建国家生态文明村。

2. 形象定位

打造集森林康养、中药养生休闲、生态农业于一体的生态康养基地。

形象宣传口号:避暑城口,养生鹿坪。

3. 发展目标

1) 生态产业兴旺

坚持"低消耗、低排放、高效率"原则,发展循环农业经济,并取得明显效果。运用生态经济型、生态景观型、生态园林型等多种模式,集中打造一批避暑纳凉(民宿)、森林人家(农家乐)、康养基地,因地制宜发展避暑纳凉、休闲度假、中药材文化体验的乡村旅游。

2) 生态环境良好

村容整洁,环境优美,空气清新,水质洁净,舒适宜居。农田、林地及自然资源得到有效保护与合理利用。

3) 生态文化繁荣

生态文化在村落布局、建筑风格、自然景观、民歌民谣、文学艺术等方面得到充分体现。村民生态文化普及率较高,有良好的环保习俗,遵纪守法,邻里和睦,民风淳朴,见诸行动。

4. 市场定位及预测

区域市场:以城口县和四川万源市为一级旅游市场,重庆其他地区、陕西安康、川东北为二级旅游市场,西南地区为三级旅游市场,我国其他地域和国外为机会市场。

专项旅游市场:森林度假市场,中药养生市场,生态农业体验市场。

预计游客接待量:

2018—2020年,年均游客接待人次达到5万人次。

2021—2022年,年均游客接待人次在10万人次以上。

2023年后,接待量持续增长,游客消费结构更为优化。

(五) 功能布局

功能分区布局是依据旅游开发地的资源分布、土地利用、项目设计等情况对项目范围进行系统划分的过程,是对旅游地经济要素的统筹安排和布置。空间布局决定了旅游地的内部结构,这对旅游地产业模式、旅游景点、游览线路等都起着重要作用。

结合鹿坪乡村旅游发展及产业振兴的要求,坚持人口资源环境相均衡、经济社会生态效益相统一,打造集约高效生产空间、营造宜居适度生活空间、保护山清水秀生态空间、延续人和自然有机融合的乡村空间关系。根据鹿坪村的自然人文、地形格局及现有基础设施,对鹿坪村乡村旅游开发与乡村振兴工程进行整体布局,划分为"一带一心一区一园"。

1. 一带

紧紧围绕鹿坪村一到六组居民社区进入鹿坪村的唯一通道,提升鹿坪村村道建设品质。规划定位为"慢行路+风景道+产品线+产业带"的多元复合功能体,是乡村活力绿链。

2. 一心

即游客接待中心,是乡村旅游与产业振兴的重要对外联结窗口。

3. 森林民宿度假区

打造集避暑纳凉、生态果蔬采摘、中药文化体验与康养、民俗体验、休闲度假等功能为一体的森林人家,结合旅游发展进一步推进乡村人居环境改造。

4. 中草药博览园

依托鹿坪中药材种植基地,建设多功能综合性的中草药博览园,集弘扬中华民族中医药、中草药养生文化、生态农业旅游、中草药教育、生产研发多功能于一体,建设秦巴山腹地知名的中草药文化体验基地。

(六) 分区旅游项目规划

根据战略定位和功能布局,进行具体的分区项目规划。这一部分是旅游规划的重点,项目的创意设计主要体现于该部分。

1. 鹿坪乡村绿道建设

策划思路:"慢行路+风景道+产品线+产业带"的多元复合功能体和乡村活力绿链。

项目选址:鹿坪村道及两侧。

项目体系:旅游风景道(村道)、自行车道、景观游道、梯田花海、农业景观、绿道风情人家。

2. 旅游服务中心

策划思路:形成游客集散、农林畜牧产品和中药材交易和电商贸易中心。

项目选址:规划在便民服务中心右侧,含生态停车场、旅游服务中心、土特产交易中心、旅游商店。

项目体系:生态停车场,旅游服务中心,土特产交易中心,旅游商店。

3. 森林民宿度假区

策划思路:以高山气候、良好生态、森林田园风光及特色农业为基底,打造集高山避暑、生态康养、民俗体验、休闲度假功能于一体的民宿集群。在民宿景观设计上可围绕梅花鹿标志元素进行设计,民宿风貌与自然环境相协调,风格上倾向于生态田园型。

项目选址:主要集中在鹿坪二、三、四社,地形相对平坦。

项目体系:森林民宿集群,神农养生药膳坊,森林风情体验区,森林康养步道,林下瓜果采摘园,生态农业体验区、天宝寨、双王庙。

4. 中草药博览园

策划思路:依托大巴山中药材种植资源库、育苗基地和中药材种植基地,建设面向城口、辐射周边的中草药文化科普教育基地,推动实现接二连三产业融合与带动功能。

项目选址:鹿坪一社、五社,其耕地较多且水源充足。

项目体系:中草药博物馆(分设中医药简史、中草药文化与养生、药材标本三个部分进行展示体验),中草药示范园区(分设康养活动园区、中草药观光园、康养理疗体验馆),中草药产业研发基地。

(七) 产业振兴规划

结合乡村资源特色进行产业融合和振兴规划,有利于实现乡村的全面振兴,深度调整产业结构,促进绿色农产品种植加工和乡村生态旅游业发展,提高产业规模化、组织化、市场化、生态化和产业的融合与包容程度,提档升级集体经济,打造山地生态产业发展样板,巩固脱贫成果,实现稳定增收可持续发展。

1. 生态农业整体布局

1) 加快中药材产业链建设

加快中药材育苗基地、种质资源基地、中药文化科普教育与体验基地、中医药文化博物馆、中药材加工贮藏基地建设,扩大玄参、独活、牛膝花、地黄、百合、桔梗、绣线菊、天麻等药材种植面积,实现全村1500亩的种植目标,建设秦巴山药谷,奠定周溪乡生态康养基地和生态文化建设的物质基础。实施中药材GAP种植规范,提升道地中药材品质。

2) 推进药蜜产业向纵深发展

依托良好的中药材花卉资源和鹿坪药蜂蜜独有功效,扩大蜜蜂养殖,唱响鹿坪药蜂蜜品牌。鹿坪药蜂蜜为蜜蜂采集海拔高度在1380米以上的中药材基地中药材花朵中花蜜,具备品牌打造的良好条件和市场竞争力。到2022年，全村蜜蜂养殖达到1000桶。注册"鹿坪药蜜"商标，开办鹿坪药蜜合作社1个。

3）适度发展鹿坪特色养殖产业

发挥海拔优势，利用1000—1650米的海拔高度和远离城市喧嚣、环境优美、气候宜人以及丰富的药材资源等优势，发展循环优质农业。大力发展本地土猪、黄牛、山羊养殖，唱响鹿坪印象之腊味飘香品牌（腊香乡）。到2022年，全村实现土猪喂养500头，打造城口腊肉的升级版——高端鹿坪腊味（腊香乡）5万斤，到2022年，年产值超过1百万元。

4）建设高山生态蔬菜基地

在鹿坪村二、三、四组建设高山生态蔬菜基地，发展高标准的蔬菜种植基地800—1000亩。

5）打造种养殖循环经济新模式

形成"农作物＋中药材套种、林下养殖、畜禽＋中药材、蜜蜂＋中药材"等循环经济模式，夯实全村生态产业发展基础。创新产业发展方式，坚持"把市场植入产业中，把市场引进农户家"，推行"公司＋集体经济组织＋大户＋农户"的模式，大力引入市场主体，鼓励农户支持、参与企业发展，实现小农户与大市场的有机衔接。

2. 加快电商发展

打造"互联网＋"乡村振兴，将鹿坪村打造成山区电商发展样板。到2022年建成1个村级电子商务服务站，培育2—3家电子商务企业，培养10名农村电商带头人，相关从业人员100人以上，农产品电子商务交易额达到5000万元。

1）探索农村电商新路子

以乡村旅游、特色农产品为重点，着力建设"网上村庄""邮乐购"和"村头"三合一的电商体系。推进电商网点开办网上购物、代收、代发、代缴、农资销售、农技服务、银行代办等多种业务，把乡村电商服务点打造成为基层综合性生活服务平台，在增强自我造血能力的同时，便捷群众生活需求。

2）加强信息物流设施建设

加快农村无线宽带网络、广播电视无线网络及基站建设，推进信息高速公路进沟入村到户。加快建立完善农产品冷链物流、加工、仓储等配套设施体系。推进电商、流通、邮政等方面的资源整合，鼓励各类经营和服务主体充分参与农村电子商务发展。

3）强化电商支持

加强电商人才的培养、引进与培训，规范电商市场秩序。定期对开展电商扶贫的组织进行考评，考评合格的电商组织给予1—3万元的营运补贴。

3. 创新产业发展模式

1）深入推进"三变"改革

以党支部提议、村委会合议的方式大力开展农村"三变"改革。通过建立集体经济组织，集中流转使用土地，并吸纳社会组织以及闲散资金合作入股，建立村级党组织领导下的专业合作社产业发展模式，进一步增加产业的规模效应和发展包容性，奠定乡村治理的经济基础。

2）增加产业包容度

加强农户特别是贫困户的现代生态农业技术及经营管理知识培训。引导脱贫户积极参与生态农业产业链，推动劳动力、技术、住房等自有资产积极入股，推动农民变股民。推广合作制、合同制、支持代种代养、资产收益等产业带动模式。

3）提供产业支撑

推进金融支撑保障力度。积极落实"精准脱贫致富贷",强化对贫困户、专业社和集体经济组织的金融支持。建立村级互助资金,积极发展互助合作金融。落实贫困人口"精准脱贫保",形成政策性保险与商业保险相结合的保险扶贫机制。加大商标、GAP、无公害食品、绿色食品、有机食品等创建工作的支持力度。引进外脑,借助外力,加大本土商品的创意设计和营销力度。

4. 加快新型职业农民培育

以提高农民、扶持农民、富裕农民为方向,以吸引年轻人务农、培养职业农民为重点,通过培训提高、吸引发展、培育储备,加快构建一支爱农民、爱农村、懂农业的新型职业农民队伍。提升人民群众基本文化素质和劳动技术技能,强化教育、文化和科技支撑,推进精神脱贫,增强内生动力,切实增强贫困人口的人力资本和可持续发展能力。以提升劳动技术技能为抓手,开展农业文化、生态知识教育,确保发展生态农业、乡村旅游、电商等适宜人群技术培训全覆盖,到2022年,实现培训2000人次以上。

（八）旅游配套及营销策划

旅游配套设施主要是一种功能性体现,是游客游览体验过程中不可忽视的细节性因素。营销策划则是对地域旅游形象及产品对外宣传推广的必要途径。

1. 旅游标识系统建设

主要有全景导游牌示、景区说明牌、指示牌、警示牌和中药材说明牌。此处不作详细展示。

2. 环卫游憩设施

实施农村清洁工程。开展农村垃圾集中处理,完善户分类、村收集、乡（镇）运输、区处理的垃圾收集清运与处理体系。积极开展农村污水集中处理,禁止城镇垃圾及其他污染物向农村转移。

1）垃圾桶

垃圾桶为木质或石质,选用当地材料,以达到经济效果,同时考虑实用性和耐久性;造型上原始古朴,符合景区自然特点和文化风格;垃圾清理方式要便捷,投放方式要简单,以减少清洁工作量;垃圾桶要安置明显和有趣味的指示标识。

2）旅游厕所

依托地域文化和地域特色,建设生态景观厕所。

3）休息座椅

鹿坪村具有传统竹编工艺,座椅设计可以将竹子作为原材料,以突显当地文化和传统手工艺特色为主。

3. 旅游营销策划

以树立鹿坪旅游形象、增强生态农业和乡村旅游的吸引力为目的,以政府主导、企业主体为原则,以节庆活动、网络平台为手段,强化对重点市场的营销活动。

1）建立立体营销体系

充分利用广告、图片、书籍、报刊、网络等形式包装和宣传鹿坪乡村旅游;在市场调查的基础上,合力开展有针对性的节会活动,形成系统性营销,达到农户、企业共赢;坚持政府牵头,企业参与,多渠道筹集资金,开展主要目标市场的针对性营销,将旅游形象宣传与旅游产品营销有机结合,形成立体多层次的旅游宣传营销体系。

2）旅游节事活动策划

以节庆旅游为主题，展示鹿坪独特的山乡生态环境、人文风情。与周边村落及乡镇合作组织各种旅游节事活动以及当地的民族节日，加强节事营销，提高鹿坪村的旅游影响力，汇聚人流物流。

3）网络平台营销

针对鹿坪村的生态农业与乡村旅游网络宣传不足状况，建设旅游在线平台，具备旅游信息咨询、平台交易、售后服务、社交等功能，发布鹿坪乡村旅游开发、森林康养资源、乡村民俗文化等方面系列软文，使之成为鹿坪生态农业和乡村旅游信息的发布平台和互动平台，成为市场营销的核心阵地。

（九）基础设施与生态建设

在现有基础设施条件上，根据未来旅游业和社区发展需要进行道路交通、能源电力、给排水系统、人居环境等方面改造。

1. 基础设施

进一步加强基础设施建设，改善生产生活条件，让山里人走得出，山外人进得来，货能卖到山外，群众生活更便捷，努力建设成设施完善、环境优美的美好家园。

1）改善出行条件

加大交通建设投入，切实解决边区断头路、部分通村路标准低、公路安全系数低等突出问题，努力满足生态环境保护和生态资源开发中的交通运输要求，降低产业发展成本和物流成本。

2）加强农田水利建设

完善小型水利设施，加大防洪设施建设，彻底解决人饮安全。加强水利设施管护，建立专门管护队伍。

3）提高物流信息流水平

加强行政村邮政基础设施建设，实现直接通邮；加快推进"快递下乡"工程，完善快递揽收配送网点建设；支持快递企业与供销社、商贸企业合作，推动建立配送网络体系，促进"工业品下乡"和"农产品进城"双向流通。

4）提高用电质量

以改善农村用电质量、确保用电安全为抓手，大力实施新一轮农村电网改造升级工程，提升农村电力载荷，切实满足产业加工用电需求，实施农网改造，实现城乡同网同价。

2. 推进生态保护和环境治理

1）乡村环境治理体系

运用"微田园"理念，建设美丽乡村。深入开展村居村容村貌整治，对主要道路沿线实施风貌改造和靓化工程。综合实施饮用水源保护、生活污水和垃圾处理、环境连片整治、农村面源污染综合防治等人居工程。建立村庄清洁卫生长效机制。完善组收集、村转运、镇处理的垃圾处理体系和村庄保洁制度；积极开展农村环境保护知识宣传，推动垃圾分类处置与回收综合利用；建立环境协同治理机制，推动农户、社区、政府多方协同参与环境治理的格局，积极构建具有乡土特点乡村环境治理体系。

2）给排水工程

（1）给水工程。

鹿坪村村民主要以散居为主，饮用水源为分散式饮水，以山泉水、井水为主，且供水规模不足。应对乡村旅游开发，规划开展给水工程建设。根据水质及用途，分级利用水源，建议纳入周溪乡供水系统。

(2) 排水工程。

主要就当前农村普遍面临的雨污处理问题从技术和资金层面提出可操作性方案。

实施雨污分流模式。雨水排放根据鹿坪地形和走向各家各户就近排入天然水体；在村御排水沟的重要节点，建设基于天然石材（砂石）的过滤系统；各旅游接待点均配备小型污水处理设施或者人工湿地系统（庭院式人工湿地系统），污水经处理达标方可排放。各居民点污水排放处理可采用人工湿地、土地渗虑处理技术。

3) 人居环境改造

居住格局和经济格局奠定美丽乡村的空间基础。鹿坪村为一家一户一地的居住风格，前有篱笆墙包围的菜地，后有养猪的圈舍，边上配套堆放柴火的小木房，为自成一体具有传统乡韵居住格局，内部的粮-猪-菜的物质循环体系，实为中国传统农耕文明之精华。运用"微田园"理念，在保留居住格局精华的基础上，对田园、人居环境进行景观化和便利化改造，有机配套村域的景观建设和环境保护，打造村景一体、呈现自然之美和独特农耕文明的美丽乡愁之地。

4) 提升资源保护意识

让"绿水青山就是金山银山"观念内化于心，外化于行。在发展生态产业、利用市场机制形塑生态观念之外，还要提高居民、游客和旅游、管理部门的环境保护意识，加强对稀缺性和不可再生资源的保护。

5) 推进以生态文化为核心的村规民俗建设

推进"孝、贤、洁、序"建设。积极宣扬孝亲敬老传统美德，引导群众自觉承担家庭责任、树立良好家风，赡养扶幼，促使家庭老少和顺、邻里和谐、环境和美。大力宣传环保技术和知识，在实现人际和睦的同时，实现天人和谐，让"环境好、药才好"的观念深入人心。积极探索生产奖补、劳务补助、以工代赈等机制，不大包大揽、不包办代替，教育和引导广大群众用自己的劳动实现脱贫致富。

以"重家教、立家规、传家训、正家风"为重点，以家风正、品德好、书香浓、环境美、邻里和等为内容，推进"最美家庭"创建；组织开展"乡贤大家评"主题活动，培养能引领时代潮流、涵育文明乡风的"新乡贤"。

6) 大力发展农村清洁能源

多种措施推进农林废弃物、养殖废弃物等可再生能源的循环利用，农村散居户和产业集中地建设沼气池，有条件的人口聚集开通天然气，鼓励农户使用太阳能热水器等，促进农家居住环境清洁化、资源利用高效化和农村环境优良化。

(十) 建设时序与规划保障

一个规划项目的有序建设，需要对其项目建设时序做出部署，明确每一阶段发展重点和目标，同时也需要从组织管理模式上得到保障，有科学合理的发展机制和运营管理手段。

1. 建设时序

第一阶段：2018—2020年——起步建设阶段。"一带、一心、一区、一园、四大产业化基地"起步，一带、一园、四大产业项目有序实施，成功创建国家生态文明示范村、重庆市级森林康养基地，社区居民能够广泛参与到旅游发展和产业振兴当中。

第二阶段：2021—2022年——全面建设阶段。建设项目全面展开，社区参与更加全面和深入，鹿坪生态农业和乡村旅游的影响力不断提升，中草药和生态农业品牌做到享誉西南地区。

第三阶段：2022年——巩固提升阶段。加大鹿坪生态农业与乡村旅游品牌形象的对外输

出,打造国家级生态农业与乡村旅游度假区,鹿坪产业振兴和乡村旅游建设目标全面实现,对周边地区产业振兴和乡村旅游发展的示范带动作用全面体现,生态农业和乡村旅游发展的"鹿坪品牌"形成。

2. 巩固强化基层组织

充分发挥基层党组织对规划目标的引领作用和党员干部的带头实施作用,带领群众投身乡村产业振兴。推动村、组干部和村办企业管理人员主动担当作为,确保规划的各项部署落地见效。

持续深入开展具有鹿坪特色的"三互"活动。村民中开展互相指导技术和互相学习文化知识;相互帮助解决各种思想问题和解决在生产生活中的实际困难;相互监督管理环境卫生和照顾老弱病残孕及留守儿童。让群众的生产生活资料以及劳动成果实现互融、互通和互用,通过互助模式,以富带贫、以强带弱、相互帮助,共同致富,凝聚全村的力量,有力促进乡风文明建设和经济社会发展。

3. 创新发展体制机制

1)健全科学决策机制

坚持乡村旅游与产业振兴重大事项、重要问题、重要工作由党组织讨论决定的机制。需由村民委员会、村民会议或集体经济组织决定的事情,由村民委员会、村民会议或集体经济组织依照法律和有关规定作出决定。

2)强化规划实施机制

建立健全"政府为主导、农民为主体、市场为纽带、项目为载体,企业和社会积极参与"的工作推进机制,统筹协调规划实施。

3)创新多元投入机制

充分发挥市场配置资源的决定性作用,创新多元化投入机制,鼓励引导金融资本、社会资本等以灵活形式参与乡村旅游、休闲农业发展、农产品精深加工及农村环境治理和生态保护等。

4)完善多维监督机制

健全规划实施的监督机制,加强对规划实施的监测、跟踪和预警。将规划实施成效纳入年度绩效考评内容,确保完成各项目标任务。

4. 优化集聚要素供给

按照"优化空间、重保优供、促进集约、提升质量"的原则,科学规划乡村生活功能区、公共休闲功能区、农业种养殖区、生产生活垃圾集中倾倒区,引导土地等生产要素合理配置。

充分发挥科技进步在乡村旅游与产业振兴中的支撑引领作用,着力在生态旅游、耕地力提升、农业绿色生态生产、农产品安全检测、种业创新、农产品储藏加工、农业设施、农业环境治理及生态保护等方面引进一批促进产业发展提质增效的关键性技术。

三、教学指导说明

(一)教学目的与用途

1. 案例使用课程

本案例适用于《旅游规划与开发》《旅游地经营与管理》相关理论教学及实训课程,用于让学生了解在国家乡村振兴政策推动下,如何做好乡村旅游开发和三农全面发展,实现农村产业化,农民在地化,农村景区化,全面联动和乡村相关的生产、生活和生态发展,将中国乡村旅游从传统的发展提升至乡村旅游的生活目的地。

2. 案例教学目标

让学生通过案例,了解乡村旅游规划既有区域宏观规划的指导作用,又有策划设计的重点板块以及产业配套的经济支撑。学会思考转变以往乡村旅游以景区为主要构架的空间经济系统,打造旅游目的地整体进空间系统。

(二)教学要点

1. 乡村产业振兴

乡村产业振兴是乡村振兴的第一要务,深度调整产业结构,促进绿色农产品种植加工和乡村生态旅游业发展,提高产业规模化、组织化、市场化、生态化和产业的融合与包容程度,其发展能够起到农民增产增收、农业多元经营、农村美丽繁荣的作用,因此已经成为乡村振兴中的重要引擎。注意通过乡村旅游发展融合三产,紧密联结特色农业生产、农产品加工业、农村服务业,促进乡村新型产业形态。

2. 人居环境改造

乡村旅游规划不仅仅是旅游投资方和经营管理者的利益诉求,需要重视乡村生态文明建设,运用田园综合体和"微田园"的发展模式,促进乡村社区生活环境的改善和乡风文明建设。

3. 乡村旅游电商

加快电子商务的结合实现大数据共享是发展乡村旅游的最新方向。要利用现成的网络架构形成乡村旅游和特色农业的宣传网站和交易平台,实现乡村旅游电子商务的实施运作。

(三)案例反思

案例中删除了土地利用规划,而土地是乡村旅游发展最基础和最为重要的生产要素之一,其在旅游发展中的优化配置直接关系到产业发展目标和社会效益。主要是让同学们意识到乡村旅游发展实践中正面临着用地性质不清、用地范围不明、用地供应不足、用地效率不高等普遍问题。

乡村振兴战略背景下乡村旅游发展必须加强旅游用地管理,结合乡村旅游及产业发展要求、政府用地政策、生态保护红线,以管理为手段来严格农村土地利用法规、整治乡村旅游用地乱象、缓和乡村旅游用地供求矛盾、破解乡村旅游用地政策难题,以管理为途径强化旅游产业用地保障、提高农村土地产业用地效率和效益。

(四)课堂实施计划

1. 授课形式

对分课堂教学,通过案例引入和知识讲解给同学们布置案例讨论任务,形成小组讨论结果,然后汇报交流和总结。

2. 教学环节

新时代下乡村振兴发展首要面临的就是产业振兴,而乡村旅游是促进农民增收、改善农业产业结构,实现农村第一、二、三产业融合发展的有效途径。带着振兴西部贫困山区乡村的目标,结合该案例进行分析,了解乡村各类资源布局和发展现状,分析通过乡村旅游发展和产业振兴促进乡村人才振兴(培育新型职业农民),文化振兴(乡风文明建设,新乡贤的示范带头作用),生态振兴(加大农村环境污染防治力度),组织振兴(打造坚强的农村基层党组织)。同时将中国乡村旅游从传统的发展提升至乡村旅游的生活目的地。

授课学时:2学时。

(五)课后拓展训练

讨论在乡村振兴背景下,以农民为主体的集体经济组织怎样具体参与到乡村旅游发展和产业振兴之中?

(谭舒月　向从武　张韵君)

第三节　特色小镇旅游发展总体规划案例分析

一、案例简介

本案例选择的规划是在国家提倡建设特色旅游小镇的背景下,结合云南勐根村的资源、区位、市场等特点,综合分析区域旅游系统的基础上制定的,遵循了旅游规划的总体逻辑、原理和内容框架。特色旅游小镇的规划不同于一般的旅游地规划,在特色的提炼、表达,产业的活态生存,复杂的利益相关者群体参与旅游建设等诸多方面都有其特殊要求。此规划由本师生团队自己编制,凸显了特色旅游小镇规划的部分特点。本案例在不涉及知识产权侵犯,不影响整体架构和核心内容的原则下做了内容的适度删减,也刻意为教学讨论留下了一些空缺,设置了一些谬误。

二、案例展示

案名:云南勐根音乐小镇旅游发展总体规划(2018—2024 年)。

(一)规划总论

1. 规划范围(必须给出规划红线区域)

规划区:勐根村范围内的回塘、老达保、勐根大寨以及西边的南根河,总面积 20 平方公里,规划区北至回塘,南至勐根大寨。

核心规划区:核心规划区范围内包括回塘、老达保、勐根大寨及周边山体、水域等用地,以老达保乡村特色旅游发展来带动周边小组的旅游发展。

2. 规划年限(一般按照近期、中期、远期为阶段划分)

规划期限为 2018—2024 年,分近期、中期。近期为 2018—2020 年,中期为 2021—2024 年。

3. 规划目的

本规划为旅游区总体规划,是为了保护、开发勐根村现有的旅游资源,充分挖掘勐根村老达保小寨的音乐文化,经营管理勐根村旅游度假区,使其发挥多种功能和作用而进行的各项旅游要素的统筹部署和具体安排,勐根村旅游发展成为以民族音乐元素为主、田园茶文化为次的特色小镇。

4. 规划任务

本规划的主要任务有以下几方面。

(1)界定勐根音乐小镇范围,进行现状调查和分析,对旅游资源进行科学评价。

(2)对客源市场的需求总量、地域结构、消费结构等进行全面分析与预测。

(3)明确勐根音乐小镇的总体定位、主题形象、空间布局及功能分区。

(4)明确勐根音乐小镇内重点片区发展方向,进行重点项目策划。

(5)规划勐根音乐小镇的内外交通系统布局和主要交通设施。

(6)对勐根音乐小镇的旅游要素体系、基础服务设施进行总体布局。

(7)系统分析土地利用规划,明确开发范围和资源保护范围,并对旅游容量进行预测。

(8)提出总体规划的实施步骤、措施和方法以及规划建设运营中的管理意见,并提出近期规划建设项目。

(9)对勐根村建设进行总体投资分析。

5．规划依据

规划依据一般包括国家相关法律法规、国家至各级地方政策、行业标准和上位规划,规划必须遵循和对接这些文件,才能确保旅游系统内外的大致协调,规避冲突。

1) 重要法律法规

(1)《中华人民共和国城乡规划法》(2007)。

(2)《中华人民共和国土地管理法》(2004)。

(3)《中华人民共和国环境保护法》(1989)。

(4)《中华人民共和国文物保护法》(2007)。

(5)《中华人民共和国自然保护区条例》(1994)。

(6)《风景名胜区条例》(2006)。

2) 相关行业标准

(1)《旅游规划通则》(GB/T18971—2003)。

(2)《旅游景区质量等级的划分与评定》(GB/T17775—2003)。

(3)《旅游资源分类、调查与评价》(GB/T18972—2003)。

(4)《风景名胜区规划规范》(GB50298—1993)。

(5)《旅游饭店星级的划分与评定》(GB/T14308—2010)。

(6)《旅游厕所质量等级的划分与评定》(GB/T18973—2003)。

(7)《旅游汽车服务质量》(LB/T002—1995)。

3) 相关文件文献

(1)《国务院关于加快发展旅游业的意见》(国发〔2009〕41号)。

(2)《中国旅游年鉴2011》。

(3)《关于进一步加快旅游产业二次创业的意见》(2006)。

(4)《云南省旅游文化产业发展规划(2016—2020年)》。

(5)《云南省旅游文化产业发展规划实施方案(2016—2020年)》。

(6)《云南省旅游市场秩序整治工作措施》(2017)。

(7)《澜沧拉祜族自治县土地利用总体规划(2010—2020年)》。

(二) 发展条件分析(略)

(1)规划背景。

(2)区位条件(地理区位、经济区位、交通区位)。

(3)政策条件。

(4)旅游资源分析。

(5)市场分析。

(6)发展条件综合分析(构建数理模型分析、区域竞合分析等)。

（三）发展定位与战略

1. 总体定位

勐根音乐小镇构建"音乐文化＋"的旅游产品体系，带动文创产业、健康养生产业以及特色农产业的发展，打造全国知名特色民族音乐小镇和休闲度假文创旅游目的地。

2. 总体定位关键词解析

1) 民族音乐

勐根村拥有云南省特有少数民族拉祜族44%左右的人口，拉祜族是中国最古老的民族之一，拉祜族创世史诗《牡帕密帕》歌词通俗简练，曲调优美动听，演唱以字行腔，有说唱的特点，是拉祜族历史文化研究不可或缺的宝贵资料，2006年被列入第一批国家级非物质文化遗产名录。少数民族"会说话就会唱歌，会走路就会跳舞"的特性在勐根老达保这个纯拉祜族的村寨得到了充分展示。寨子里无论男女老少都能歌善舞，他们擅长芦笙舞、摆舞、无伴奏多声部合声演唱及吉他弹唱。寨子里80%村民都会弹奏吉他，最老的有七十老旬，最小的还是求学幼子。他们虽然从未受过专业训练，甚至连乐谱都不认识，但是凭着对音乐的热爱，以自己的体验和感受，创作出了一首首脍炙人口的歌曲，其代表作有《快乐拉祜》《实在舍不得》等，他们自创的拉祜民歌已达到300余首，深受广大群众的喜爱。

2) 休闲

勐根村作为一个原始村落，有着自然的原生态风光。村民淳朴热情，森林神秘原始，茶叶生态幽香，水果美味多样，畜牧渔业发达，美食特色繁多。这些资源条件造就了勐根村休闲的特性。

3) 文创

旅游文创产业作为"旅游＋文创"的共生产品，是通过旅游这一手段实现文化产业化、产业文化化的重要途径。而在旅游文创产业基础上衍生出来的旅游演艺、主题公园、艺术街区、文创产业园等新兴旅游产品也引领着未来的旅游新生态。勐根村拥有多个少数民族，每个民族都有自己的民族文化，且文化内涵非常的深厚，这对于开展文创类产品有很大的推动作用。

3. 分级定位

世界层面：具有一定国际知名度的民族音乐旅游休闲镇。
国家层面：国家AAAA级景区、国家级休闲旅游度假区。
云南层面：云南省音乐文化创意产业孵化基地。

4. 功能定位

1) 民族音乐文化传承基地

集中在老达保村寨的拉祜族传统音乐是勐根音乐小镇的重点特色，而且拉祜族创世史诗《牡帕密帕》是拉祜族历史文化研究不可或缺的宝贵资料，2006年被列入第一批国家级非物质文化遗产名录。由此可见音乐对于这个地方来说是最宝贵的东西，在开发时应该注意适度挖掘音乐文化，让这里的音乐文化一代一代地传承下去。

2) 西南部音乐休闲度假基地

勐根音乐小镇位于云南省的西南部，这里所处的地势地貌使其远离了城市的喧嚣，保留着原生态的自然风光，每年的负氧离子高达80%，森林覆盖率在60%以上，是一个休闲度假的好去处。

3) 国家乡村旅游示范基地

为促进乡村旅游发展提质升级，进一步发挥乡村旅游在稳增长、促消费、减贫困、惠民生等方面的积极作用,巩固我国当前经济稳中向好势头,国家发展和改革委员会同有关部门共同研究制定了《促进乡村旅游发展提质升级行动方案(2017年)》,乡村旅游已经成为大众旅游的方式。经过考察发现勐根村的位置、资源条件、产业经济都能推动勐根向乡村旅游发展,打造国家乡村旅游示范基地。

5. 形象定位

1)定位分析

勐根村位于酒井乡的西边,坐落在大山的半山腰上,正是这个地理位置,使它保留了原生态的自然风景。拥有以拉祜族、哈尼族、傣族为主的多个少数民族,是民族聚集的地方,在此民族文化内涵十分丰厚,可以感受到不同民族间的生活差异。其中以拉祜族的音乐文化最具特色,每位拉祜人民扛起锄头就是地地道道的农民,拿起吉他、芦笙等乐器就变成了艺术家。拉祜族的音乐文化在整个澜沧县是独具一格的,几乎没有竞争对手,所以在此次规划中要牢牢地抓住这个音乐文化元素,以这个音乐文化元素为依托,发展勐根村的旅游经济。

2)形象定位

农耕上的音乐人生,大山中的民族风情。

6. 市场定位

1)分级市场定位

(1)境内市场。

核心市场:普洱市及云南省经济区。

基础市场:云南省及四川、贵州、广西等周边省份市场,珠三角及环渤海市场。

机会市场:西北地区等国内地区其他地区市场。

(2)入境市场。

核心市场:缅甸、老挝、越南。

基础市场:港澳台、日本、韩国。

机会市场:美国、西欧、澳大利亚等其他客源市场。

2)细分市场定位

按消费群体分:爱好民族音乐,爱摆弄吉他、木鼓等乐器的群体;茶文化爱好者、少数民族文化爱好者以及以休闲度假为主的消费群体。

按年龄分:游客年龄段以成年人居多,其次是中年人,青少年和老年人较少,即勐根音乐小镇的游客在年龄构成上呈现出中间大,两头小的特征(见图1-2)。

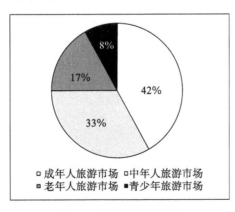

图1-2 细分市场分析图

7. 目标定位

1）总体目标

勐根村有良好的田园景观、神奇的山水文化和独特的民族音乐文化，通过旅游资源整合、特色主题提炼、旅游产业培育、重点项目建设、旅游品牌打造，促进当地旅游业向休闲化、现代精致乡村旅游方向发展；将勐根村打造成为国家AAAA级旅游景区、国家级休闲旅游度假区以及具有一定国际知名度的民族音乐旅游休闲小镇。

2）分期目标

（1）近期目标（2018—2020年）：创建系列精品旅游景区，构建集民族文化传承、文化研究、产品制作、音乐创作为一体的产业链。

（2）中期目标（2021—2024年）：具有一定国际知名度的民族音乐旅游休闲小镇，以及国家级休闲旅游度假区；通过特色旅游开发，带动勐根村的经济发展，从而使勐根村的人民能够脱贫致富。

8. 发展战略

为实现上述总体目标和功能目标，勐根村旅游需实施开放创新、生态为本、城乡共融、区域联盟等战略。其中，以开放创新战略统领其他各战略。

1）开放创新战略

借助云南作为国家西南边陲城市和全国旅游首批旅游综合改革试点城市，加大对勐根村旅游业的发展建设。积极利用勐根村的民族音乐资源，通过对资源的分析，打造具有创新性的民族音乐旅游产品，发展勐根村的民族音乐特色小镇休闲旅游产业。

2）生态为本战略

始终坚持开发与保护并重，加强自然人文资源及生态环境保护和区域旅游环境建设，创新旅游资源开发模式和旅游管理体制机制，优化旅游生产力布局，升级旅游发展方式，实现旅游人文、经济、社会、环境协调发展。

3）城乡共融战略

按照"城乡统筹发展综合改革实验区建设"，深入推进勐根村经济区区域一体化和城乡一体化，充分发挥旅游业在促进统筹城乡改革中的先导产业作用，推进旅游业与统筹城乡协调发展，推进旅游业与区域经济社会协调发展，使勐根村的旅游业发展辐射到澜沧县。

4）区域联盟战略

勐根村实施"区域联盟战略"，首先是以勐根村为一级中心地，在普洱市内的区域旅游协作方面推出实质性举措；然后在更大范围的云南其他地级行政区之间，尤其是西双版纳、大理、楚雄、玉溪、红河、临沧五个行政区之间，加强区域旅游合作，使勐根村真正发挥云南休闲度假中心和民族音乐特色小镇的辐射带动与先进示范作用。区域联盟战略的实施，必将促进以勐根村为区域中心地的云南范围内资源要素的合理配置，推动勐根村及其伙伴旅游的稳步快速发展。

（四）规划布局

1. 总体布局

根据规划范围的地貌地势特征，规划整体采用具有逻辑性的分散形式的翼型布局，使游客服务中心位于整个翼型的中轴区域偏右，从入口综合服务区进入后以分散的形式让游客产生具有序列和向心的空间感受，遵循景区规划的原则，不走回头路。通过夸张的建筑手法演绎当地特色建筑文化和民族、人文底蕴。红线图和总体平面布局图如图1-3、图1-4所示。

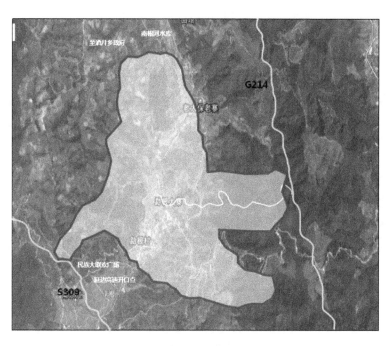

图 1-3　红线图

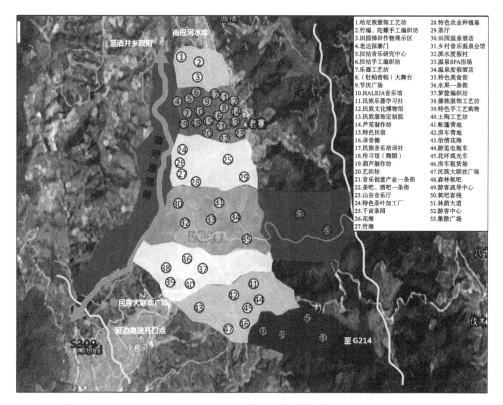

图 1-4　总体平面布局图

展望区域未来,打造配套区域发展,具有当地民族文化、音乐文化、建筑文化、田园文化且以音乐文化为中心向两边发散的综合休闲度假的特色音乐小镇。做到拥有完整的功能配套设施,构建可行、可住、可游、可吃、可购、可娱、可持续发展的综合服务体系。

2. 空间布局

整体空间设计为"一带、两轴、两组团"的空间结构。

一带:滨河景观带,沿着长约10公里的南根河的边缘建立滨河景观带,规划面积4.2平方公里,建设两条景区道路,分别是景区游览道、景区游步道,在景区游览道上主要供游客们乘坐观光车,或者自行骑行电瓶车。主要建设是利用勐根村的水域资源,树立用植物造景为主的观念,以建设生态型景观为指导,填充相应的拉祜族文化元素予以衬托,形成具有鲜明的地域文化的生态景点,突出人与自然环境的和谐相处。同时在有条件的基础上设立亲水平台,让游客真正地参与到景观的观赏中。

两轴:南北向主要发展轴和东西向次要发展轴。南北向主要发展轴连接整个民族音乐小镇规划区域,从南波别到回塘,两头分别接近国道214和南根河水库;东西向次要发展轴从入口综合服务组团到延边高速开口点,两头分别接近国道214和县道309。

两组团:主要是民族音乐小镇组团和入口综合服务组团,以及各功能配套组团的有力支持。

3. 功能分区

核心规划范围共分为八大功能区,分别为回塘哈尼文化体验区、老达保音乐风情核心区、茶文化养生区、音乐温泉度假核心区、勐根傣族文化体验区、房车营地休闲区、南波别片区、入口综合服务区。

4. 服务设施分布

根据规划的区域范围,结合不同地块的功能特征,形成各区域相对独立的服务特点和管理模式。在满足服务半径(70—200 m)的同时,将各服务区尽量结合区内的重要节点,配套相应的旅游公厕、餐饮、住宿、银行、电话亭、停车场、问询处、游客中心、商店、医疗点、废物箱等服务设施。

(五)分区规划

1. 入口综合服务区

入口综合服务区位于勐根村规划范围的东侧,接近国道214,且位于景区的中轴线上。包含了游客服务中心和集散广场两个部分,总规划面积2.5平方公里(其中涵盖了从入口进入勐根音乐小镇的道路区域)。主要的功能有景区形象展示、集散服务、综合接待、售票服务、问询服务、交通换乘、旅游购物、公共服务等功能。

1)集散广场

规划用地面积0.017平方公里,位于勐根村规划范围的中轴线上,北接游客服务中心,地势开阔、平坦。广场为游客集散的空间,满足游客的停留和聚集,是景区人流量最为频繁的地方。广场同时还要做到游客中心标识吸引力明显、文化景观创意丰富。

通过采用当地石材雕刻游人中心标识和"HALEJA"(HALEJA,读"哈列贾",就是拉祜语"快乐"的意思),这几个代表勐根村的大写字母,具有清晰的吸引力;中轴处设立一个集吉他和葫芦元素为一体的标志雕塑,增加广场的民族文化氛围。两侧分别由机理绿草坪构成,一方面,绿地内种植组团树木,为游客提供休憩纳凉的场所;另一方面,采用当地的草本植物且通过园林艺术手法展现音乐文化,构建民族音乐元素,让整个集散广场在保留原生态的绿色景观的前提下,充斥着当地的艺术情调。

2) 游客服务中心

游客中心设计应因地制宜、信息多样、以人为本、社区参与、安全保险、设施齐全、富有特色。

根据《旅游景区质量等级的划分与评定》(修订)(GB/T17775—2003)的要求,创建4A级景区,游客服务中心的建设标准是游客中心位置合理,规模适度,设施齐全,功能完善;咨询服务人员配备齐全,业务熟练,服务热情;游客公共休息设施布局合理,数量充足,设计精美,有特色,有艺术感;尊重自然地貌,依山就势,顺坡起伏,将建筑、缓坡、退台等融入其中。

场地位置开阔,总建筑面积0.011平方公里,用地面积0.0167平方公里。

功能:提供人性化游览和全程无障碍服务及智能服务。

游客服务中心通过建筑造型、雕塑及环境配置,体现出当地浓厚的文化内涵和文化氛围,使人们在娱乐、休闲、购物中能够有愉悦的心情。

游客服务中心设计理念如下。

从勐根村悠久的民族文化和地域人文建筑特色中挖掘设计元素,梳理文化脉络,提炼文化精髓,浓缩文化符号,重塑文化灵魂。将本土的少数民族民居建筑风格融入到其中,建筑模拟杆栏式民居,通过夸张手法,将现代建筑元素和独具一格的民族建筑相呼应,刚柔相济,虚实对比强烈。整个建筑采用木质结构,配以当地的音乐元素、葫芦元素、民族元素,从而实现了现代与传统的对话,既传承于传统,又超越了传统;同时依托于周围的自然环境,依山而建,依木而生,形成具有少数民族特色的原生态型的景区建筑。

2. 回塘哈尼文化体验区

回塘哈尼文化体验区位于特色音乐小镇的北部,处于南北向主要发展轴的最上方。回塘小组国土面积5.94平方公里,规划面积0.7平方公里,海拔1000米,年平均气温20℃,年降水量1700毫米,适宜种植粮食、茶叶等农作物。

利用当地哈尼民族的原生态生活,从哈尼族服饰出发,打造哈尼族服饰工艺坊,供游客观赏购买,还可以进行服装租赁、拍照等体验式项目。哈尼族服饰是哈尼族传统文化的精髓,不仅仅是简单的御寒防风蔽身之物,它承载着极其丰富的文化信息,构成展示和追忆祖先迁徙壮举、英雄业绩的物化态载体。哈尼服饰的色彩、款式和纹样,既是该民族生存区域地理环境的折射,也是族人社会身份和角色的标识,透露出生生不息、物我合一的生存理念。服饰文化可谓五彩斑斓,制作工艺精湛,体现了哈尼族妇女的勤劳和智慧。

打造一个手工编织坊,出售各种竹编制品,如篾桌(饭桌)、篾凳、背箩、簸箕、筛子、凉席、鸡笼、鱼笼等多种生产生活的必需品。竹编工艺是哈尼族家庭中普遍传承应用的手工艺,主要编织各种竹编居,如篾桌(饭桌)、篾凳、背箩、簸箕、筛子、凉席、鸡笼、鱼笼等多种生产生活的必需品。哈尼族竹编具有密实精细、经久耐用、美观大方的特点,是富有乡土气息和民族特色的传统工艺。积极宣传哈尼族的竹编工艺文化,让哈尼族人民不只局限于编制生活用具,更让这门技术走向艺术,与现代竹编艺术相结合,扩展当地竹编的范围,传承那些古老而美好的手艺。

3. 老达保音乐风情核心区

老达保音乐风情核心区位于南北向发展轴的中北部,距离回塘小组2公里,该区域以老达保小组为依托,规划面积1.3平方公里。以当地现有的"澜沧老达保快乐拉祜演艺有限公司"为背景,改善老达保的"快乐拉祜"演出项目,当地拉祜族人民与喜欢音乐的游客共演。演出分为户外和户内,主要是根据当地的气候条件,避免因为天气而影响这个演出项目的开展。户外的场地是《牡帕密帕》大舞台,场地中拉祜族的元素也会更加的突出,场面也会更加壮观。室内是 HELEJA 音乐酒吧,在这里将拉祜族的民族音乐和现代流行音乐相结合,仿照现代的一些流行酒吧,但又不失拉祜族的传统特色,无论是外观的建筑、内饰,还是具体的演出都要加入拉祜族本身的元素,使酒吧居于民族化和现代化之间。

老达保村寨内共有芦笙坊、青竹坊、陀螺坊、艺织坊、耕具作坊、根雕坊、茶吟坊、春香坊 8 个展示区供游客观赏和体验,以这 8 个展示区为主来还原拉祜族人民的原始生活,让游客了解到拉祜族人民独特的民族文化、民族生活、民族娱乐、民族劳动。

充分利用拉祜族的手工艺品资源,打造民族工艺品商业街,将拉祜族各种各样的手工艺品聚集在此进行售卖,展现拉祜族人民的勤劳和手巧,为拉祜族人民寻求一条新的经济收入。主要包括:竹编背篓、拉祜包、拉祜头饰、芦笙、吉他、茶、根雕、耕具、织品、民族服饰以及陀螺、葫芦等手工品。

拉祜族民居属"干栏式建筑",老达保是拉祜族聚集最多的地方,拉祜族的民居特色也主要表现在这里,对于这种探索民族文化旅游,民宿是游客们最向往的一种住宿方式。在这里开展民宿,不仅可以使游客得以满足,而且也可以给当地居民带来一份收入。

4. 茶文化养生区

该片区位于规划两核心片区之间,规划面积 2.7 平方公里,主要为追求养生健体需求的游客进行规划建造的片区,这一片区主要位于勐根茶场二队,这里因海拔变化幅度较大,受生物、气候和地形的影响,土壤的垂直分布较为明显。植被随着海拔的不同,自然形成 3 个不同的类型,即高山针叶林和沟谷低海拔阔叶林,次生灌丛草地。森林资源较为丰富,总面积约 1 万亩,覆盖率达 60 %,以生产经营茶叶为主,兼营水果种植和畜牧渔业。

在片区打造千亩茶园,可以供游客们进行采茶体验。采摘茶后的茶叶为游客所得,会按相应价格称称计算。在勐根茶场二队建立特色茶叶加工厂,主要是可以供游客们观看茶叶加工的过程,可以清楚地观看到采茶、洗茶、揉茶、晒青、压饼、包装、储藏的全过程及每一个环节,在此过程中空气中馥郁的茶香令人陶醉。游客可买走自制的包装精美、文艺的茶产品自藏或馈赠亲友。

音乐+民俗茶厅,供游客们休憩、聊天,欣赏当地工艺产品。

在丘陵连绵,茶香四溢的茶园内,规划骑行车道贯穿其中,骑行者在贯穿茶园而过的绿道上,乘着微风,迎来阵阵茶香,犹如碧波中徜徉,让自己的心灵得到释放。

5. 音乐温泉度假核心区

音乐温泉度假核心区位于整个规划景区的中轴线上,处于南北向主要发展轴和东西向次要发展轴的交界处,距离入口综合服务区 2 公里左右,规划面积 3.6 平方公里。整个区域是一个中高端接待区,利用了勐根村南根河旁的天然温泉,这口温泉一年四季水质清澈见底,水温高达 75 ℃ 左右,所以就地取势,在此处打造一个融合乡村音乐的温泉度假区,内部包含温泉 SPA(温泉浴场)、中高端酒店、乡村音乐温泉会馆、特色美食街等旅游单体。在泡温泉之时,即可欣赏到动听悦耳的乡村音乐,将音乐与温泉相结合,打造出一个休闲度假和民族音乐为一体的温泉度假区。

勐根村的美食一条街有茶餐、拉祜杂炒、茶叶炒蛋、拉祜口味鸡、烤肉、火烧干巴、包烧鱼、傣族竹筒饭、哈尼韭菜薹焖泥鳅、哈尼竹筒鸡、葫芦宴、马帮宴、茶韵宴、石斛宴等。主推普洱·马帮宴、普洱·茶韵宴、普洱·石斛宴。

6. 勐根傣族文化体验区

勐根傣族文化体验区规划面积 1.7 平方公里,因为在勐根大寨片区属于傣族人民居住的地方,所以在此片区主要打造与傣族人民生活相关的特色景区,能够让游客们更加亲近傣族人民,了解他们的相关生活习性和其独具特色的民族文化,特将此片区打造成勐根傣族文化体验区。

云南特色水果一条街。

傣族土陶工艺坊——傣族慢轮陶。

7. 房车营地休闲区

房车营地休闲区位于整个规划区的南部,规划面积2.4平方公里,利用这一块区域的平坦地势和周边秀丽自然景色,打造一个田园里的房车院子。前期在政府的帮助下加强对道路系统的改善和修整,使房车有可进入的条件,同时依据这里具有优势的地理条件,将现代年轻人喜欢的野外露营纳入这一片开发区域中,迎合当代旅游业的发展趋势。依托政府的支持和协助,在当地设置房车帐篷租赁场和基本生活用品的售卖处,为游客提供生活上的基本消费品,为游客们带来方便快捷,从而更好地参与体验。将动与静相结合,使这一片区的旅游更加具有特色和吸引力。

8. 南波别片区

南波别片区位于南北向主要发展轴的最下端,坐落在整个勐根村音乐小镇规划区的东南部,是南北向主要发展轴连接国道214的重要驿站,也是整个规划区的又一个出入口,规划面积0.9平方公里,在整个规划区中占有重要地位。同时南波别也拥有林地22132.4亩,其中经济林果地700亩,人均经济林果地2.16亩,主要种植茶叶等经济林果;荒山荒地1114亩,其他面积56亩。它的森林资源十分的丰富,在其小寨周边几乎全是覆盖着绿色森林,对开展森林氧吧休闲和探险活动提供了有利的条件,可以让游客真正地回归自然,感受大自然的无穷魅力。

充分利用当地的森林资源,将纯天然的绿色自然展现在游客面前,打造一系列的森林产品,包括森林氧吧、森林探险、氧吧客栈等。使游客在经历前面的民族探索活动后,能够在这里放下心中的尘念,去真正地亲近自然、感受自然。

(六)产品规划

1. 产品体系

产品体系分布见表1-9。

表1-9 产品体系分布表

产品体系分类	种类	特点
观光旅游产品	田园梯田作物展示区、千亩茶园、花海、竹海、特色农业种植园、乡村音乐温泉会馆、怡情花海、森林氧吧、林荫大道、竹编陀螺手工编织坊、葫芦制作坊、艺织坊	观光旅游产品的层次最浅,其与旅游者的关系是分离的,缺少深层互动。观光旅游持续的时间比较短,属于走马观花式的旅游。观光旅游的突出特点是视觉冲击力,以广袤、雄伟、高大、深远、奇异等特点对旅游者产生震撼

续表

产品体系分类	种类	特点
度假旅游产品	田园温泉酒店、滨水度假村、温泉 SPA、温泉度假酒店、帐篷营地、房车营地、氧吧客栈、特色民宿	度假旅游产品关注旅游者休闲、度假、追求放松、追求安逸的心理需求,为其提供了一个舒适、优雅、安静、私密的空间。度假旅游产品追求与旅游者互相融入的目标,产品符合旅游者的心理感觉,旅游者投身其中,享用度假旅游产品的各项服务。度假旅游持续的时间比较长,是旅游者在一段时间内的一种生活方式。度假旅游的突出特点是强调身心感受,为旅游者提供紧张生活之外的闲适
文化旅游产品	哈尼族服饰工艺坊、音乐创意产业一条街、《牡帕密帕》大舞台、节庆广场、民族文化博物馆、HELEJA 原生态音乐展览馆、傣族服饰工艺坊、民族大联欢广场、传习馆	文化旅游产品是指在旅游中包含的有关文化的产品,这其中既有关于旅游地的文化传统的无形产品,也包括一些特有的有形商品。这些产品往往带有比较浓厚的文化色彩,与旅游目的地有着一定的联系,或是体现了旅游目的地人民的生活过程
休闲旅游产品	茶吧酒吧一条街、山谷音乐厅、茶厅、乡村音乐温泉会馆、水果一条街、特色手工艺购物街、游览电瓶车、花环电瓶车	让身心放松是休闲旅游产品的基本要求。休闲就是要在一种"无所事事"的境界中达到积极的休息。休闲旅游产品是指以旅游资源为依托,以休闲为主要目的,以旅游设施为条件,以特定的文化景观和服务项目为内容而设计的产品
专项旅游产品	茶园骑行、海滨骑行、森林远足、实景演出	专项旅游产品是个性化旅行的代表形态,是人们从泛旅行度假到精细旅行过渡的开始。专项旅游产品相对传统意义的观光产品与度假产品而言,更侧重于旅行产品设计的专业性,以及旅行者与旅行目的地结合的"深度"

图 1-5 所示为旅游产品等级体系分布图。

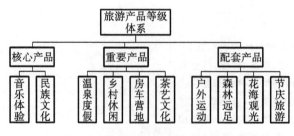

图 1-5 旅游产品等级体系分布图

2. 游览线路产品

1）一日游设计

（1）音乐体验游。

老达保寨门—拉祜音乐研究中心—乐器工艺坊—民族录音棚—《牡帕密帕》大舞台演出。

老达保寨门—民族音乐培训社—节庆广场—传习馆—音乐创意产业一条街。

老达保寨门—乐器工艺坊—民族乐器学习社—民族文化博物馆—山谷音乐厅。

（2）民俗文化游。

哈尼服饰工艺坊—民族文化博物馆—葫芦制作坊—茶吧、酒吧一条街—特色民宿。

傣族服饰工艺坊—特色手工艺购物街—土陶工艺坊—水果一条街—民族大联欢广场。

节庆广场—拉祜服饰体验坊—民族文化博物馆—艺织坊—茶吧、酒吧一条街。

（3）森林探险游。

游客中心—森林氧吧—林荫大道—氧吧客栈。

（4）温泉度假游。

乡村音乐温泉会馆—温泉SPA—特色美食街—滨水度假村—田园温泉酒店。

（5）房车休闲游。

房车营地—怡情花海—林荫大道—滨河景观带。

2）两日游设计

第一天：老达保寨门—节庆广场（观看演出）—民族文化博物馆—录音棚—千亩茶园—特色茶叶加工厂—乡村音乐温泉会馆—特色美食街。

第二天：傣族服饰工艺坊—水果一条街—土陶工艺坊—怡情花海—氧吧客栈—滨河景观带—田园梯田作物展示区—HELELA原生态音乐展览馆—茶吧、酒吧一条街。

3）三日游设计

第一天：孟连勐马景区（勐梭龙潭—宣抚司署—孟连金塔—孟连总佛寺—勐马瀑布—勐马温泉—孟连口岸）。

第二天：景迈芒景景区（芒景村哎冷山—翁基布朗族古寨—千年万亩古茶园—糯干傣寨—景迈柏联普洱茶庄园—景迈柏联精品酒店）。

第三天：老达保拉祜族特色村寨（拉祜族服饰体验坊—民族文化博物馆—民族音乐培训社—节庆广场—传习馆—音乐创意产业一条街）。

（七）交通体系规划

1. 外部交通规划

1）外部交通

外部交通有澜沧机场，澜沧景迈机场，景东支线机场以及景谷、镇沅、江城、墨江4个通用机场，思茅机场。

铁路：玉磨铁路，大普铁路（普洱至临沧段）。

公路：澜沧县酒井乡坡头老寨公路，南岭桥至新城、糯扎渡镇至柏木箐等4条移民公路，淘金河至邦崴通乡油路，澜阿一级公路，景东至文东、南涧至景东、墨江至临沧、思茅至澜沧、景谷至宁洱等5条高速公路。

2) 主要出入口设置

项目内部交通与外部交通的连接主要设置三个出入口:一是在入口综合服务区,为游客主要进出的通道;二是经过南波别通向 G214 国道的出入口;三是在沿边高速开口点到达 S309 公路,做出入口。在出入口设置主要包括景区形象大门、游客接待服务、小镇特色展示、休憩区等等,作为景区的出入口,则必须让游客留下第一印象,所以在打造时要注意吸引点来吸引游客。在出入口设置官方指点购物店,设立在当游客走出景区的时候,这样会使游客必须要经过购物店,才能走出景区。不可强制购物,但是可以让游客注意到当地特产,看到精美的商品,或许会吸引游客们产生购买欲望。当然,购物店要设置合理,空间位置较为宽敞,不可让游客感到拥挤感,否则游客们会马不停蹄地走出购物店,不想在店里停留片刻。

2. 内部交通规划

1) 景区主干道

主要为贯穿项目地南北、东西两大轴的主要道路,用于连接外部交通以及老达保景区各个分区的连接贯通。主干道路基宽度 15—18 米,两侧绿化宽度不得少于 1—2 米。

2) 景区次干道

主要为缓解主干道的交通压力以及直接通往各个景区景点。次干道路基宽度 6—8 米,两侧绿化宽度各不得少于 0.5—1 米。

3) 景区游览道

主要为各个功能区内部连接的道路,只允许景区观光车、电瓶车、山地车或摩托车等内部车辆通行。路基宽度为 8—10 米,两侧路肩宽度各 0.5 米,两侧绿化宽度各不得少于 2 米。

4) 景区游步道

主要用于游客的徒步观光、游览等,在进行生态旅游,周边拥有一定的田园风光旅游资源之时,可在合适的地势上修建一条观光小路,只供游客步行使用,路基宽度为 3—6 米,当然路面根据不同地势进行处理,保证游客的通行安全。分为沿主路人行道、景区步道(公共游步道)、社区步道(专用休闲步道)、步行活动空间四种步行类型。修建景观步行小道连接音乐温泉度假区和滨河景观带,连接各个景观区与展示服务区。

3. 交通设施规划

1) 交通方式

勐根村位于澜沧县酒井乡,距县城 51 公里,距景迈机场 55 公里,景迈机场—酒井老达保旅游专线车,开通适应旅游市场需求的旅游专线车,沿线合理布置相关停靠站点,便利团队、自由行游客出行。在景区内主要是采用旅游观光车、摩托车、电瓶车、山地车等交通工具,因为景区主要位于山上,多为上坡路和崎岖山路,所以在游览时可骑山地车省力。

2) 停车场地

在入口综合服务区、过南波别通向 G214 国道的出入口、在沿边高速开口点到达 S309 公路的出入口设置集中的停车场,在其余各个景区景点进入口分设停车位。停车场包括机动车停车位和非机动车停车位。

4. 交通标识系统

1) 位置设置

外部标识主要设置在外部交通连接的出入口和路口交叉处,旅游专线车乘坐地点指示停靠点,内部交通各个景区景点相距的位置及景区所处方向的标识。

2) 内容设置

在主干道和等级公路上设置景区交通指示牌、行车距离标识、安全警示语、旅游专线车停靠站点。分级设置间距标识,距离景区 10 公里—5 公里—3 公里。在景区内部的交通标识是对于各个景区景点相离间距的提示以及方位的指示确定,方便游客计划前往。

3) 设计制作

标识设置要合理,结合当地特色,符合民族文化以及音乐气息,可以在标识牌周边采用音乐音符串联起来,设计突出艺术,采用棕色木制材料进行展示,并且需要景区管理人员定期检查维修,不仅检查外部破损情况,还应检查内部交通指示牌是否有受外部影响,使指示方向错误的情况出现。交通指示是让游客清楚地知道前行的去处,所以需要起到正确的指示作用。

(八) 服务要素规划

1. 接待服务规划

中心门户服务区与旅游接待服务设施相关的区域主要有三个,分别为"入口综合服务区""音乐温泉度假区""老达保拉祜音乐风情区"。"入口综合服务区"指临近 G214 国道的出入口处,主要有游客服务中心、旅游服务咨询点、外来车辆停车场、停车场旁建设旅游厕所 1 座、景区导视系统、景区信息系统,建设集智慧管理、智慧服务、智慧营销和智慧体验功能模块的智慧旅游体系。景区设置的指示牌下面都张贴着二维码,景区有免费 WiFi,不少游客扫描二维码就可直接进入勐根村官方网站,通过语音导游等游玩勐根村。"智慧旅游"里有语音导游功能,只需指尖一点,就能收听到该景区的智能讲解。

"音乐温泉度假区"指经过东西南北两轴的交汇处,本区的主要功能是提供游客住宿与餐饮服务,设置星级宾馆与停车场,根据旅游产业发展需要沿其左侧的南根河设置各类休闲茶楼与各类游憩、购物、观光设施,形成滨河景观带。设沿河休闲步道 5 公里,制作设置木制勐根村导览图 1 个。

"老达保拉祜音乐风情区"为景区的核心景点之一,居住的是拉祜族传统杆栏式建筑,设置为农家民宿点,本区以有着葫芦标志的大门为入口,通过景观步行道路连接音乐温泉度假区和滨河景观带。

两块核心区域加上入口综合区,是主要为游客提供服务的场所,这三个区域相辅相成、关系密切,相应的配套设施都应设置齐全。

2. 旅游住宿规划

1) 规划思路

根据不同片区接待能力,以及所处周边环境和所具备的特征来打造不同类型的住宿建筑,比如特色民宿、高低端酒店以及房车帐篷营地等等,来满足有着不同层次的游客的需求。在音乐温泉度假区建设高端温泉酒店,可满足商务、会议旅游所需接待能力。利用当地拉祜族、哈尼族、傣族各民族所居住的特色建筑,即在老达保、勐根大寨、回塘片区来分别打造三个不同特色的民族民宿。利用在勐根大寨到南波别中间这一森林覆盖率较高的片区,打造房车帐篷露营地,满足想要亲近大自然,来感受乡村清新空气的游客的需求。

2) 住宿设施规模预测

根据中期规划预测,床位数约有 1 万张床。

3. 旅游餐饮规划

1) 规划思路

根据勐根村的民族特色文化,打造民族饮食文化。少数民族的特色饮食方式多样,形式多种，菜品丰富，可以打造融有多民族特色为一体的美食街，在街道两边修建具有民族风貌的小铺子以及餐馆。美食街的位置设立在音乐温泉度假区的外部，因为在这一片区域属于度假型的区域，在泡完温泉之后可以到美食街品尝拉祜族、傣族、哈尼族各个民族的特色美食，感受当地的民俗风情。

2）餐饮设施规模预测

中期预测餐位5000个。

4. 旅游商品规划

1）提升旅游商品经济比重

从当地旅游收入来看，主要经济来源于实景音乐演出，所以在中期规划中，不仅应让旅游收入来自演出所得，还应该大大提升当地旅游商品的经济比重，从规划期限来看，预计使旅游商品经济比重提升到30%。

2）建设旅游商品购销网络

建立旅游商店，完善当地购物点的线上销售渠道，同时需要改善当地的物流状况，连通网络进行宣传产品特色，利用智慧营销手段不断宣传。当游客在智能设备上有各个景区的介绍时，可以将当地的特色旅游产品进行推荐，将产品所具有的功能、特色介绍清楚，使游客产生购买欲望。

3）整合生产加工渠道

融合各个民族特色的产品，与商家联合打造具有当地特色的旅游商品。

4）特色商品提炼

勐根傣族文化体验区：傣族服饰品、傣陶制作品、热带水果干。

老达保音乐风情核心区：录音棚特制纪念磁带（游客自己所录）、拉祜包、拉祜芦笙、拉祜民族手工吉他。

茶文化养生区：特色普洱茶加工品。

回塘哈尼文化体验区：哈尼族服饰品、手工竹编艺术品。

5）核心产品打造

打造民族大礼包，将勐根音乐小镇三个主要民族的手艺品和美食（如傣族的水果干货）进行相应的混合，然后用精美的纸包装；针对不同层次的和不同旅游形式的消费者，民族大礼包分为普通装、精品装、豪华装，从而满足每位顾客的消费需求。

6）商业设施规划

主要是在音乐温泉度假区旁边的美食街进行商业合作，以及老达保音乐风情核心区、勐根傣族文化体验区、回塘哈尼文化体验区、茶文化养生区周边商铺合作进行推广旅游商铺，联合出售。

（九）基础设施规划

特色小镇是产、城、人、文、旅融合的区域，比一般景区规划、旅游目的地规划更强调实际的生产生活功能，故基础设施规划需要完整而切合实际。基础设施规划通常包括：信息服务设施、医疗保健、教育、通讯邮政、环卫、给排水、基础金融等。

1. 信息服务规划

勐根音乐小镇休闲区信息服务系统应该包括旅游产品、旅游文娱、旅游交通、旅行社、旅游饭店、旅游商店、旅游住宿等各个方面的信息展示查询，通过采集旅游资源信息，在统一的平台进行管理，并且游客可以通过此平台了解小镇的功能分区，选择自己喜欢的游览方式或者安排自己的游览方式。通过网络传输系统，与回塘哈尼文化体验区、老达保拉祜音乐风情核心区、茶文化养生区、音乐温泉度假核心区、勐根傣族文化体验区、房车营地休闲区、南波别片区分支网站进行小组合作实现有效对接,并进行数据的实时传输、实时更新。游客可以利用网络平台看到回塘哈尼文化体验区、老达保拉祜音乐风情核心区、茶文化养生区、音乐温泉度假核心区、勐根傣族文化体验区、房车营地休闲区、南波别片区的即时状态,并进行有效交流沟通,提高游客出行的满意度、自由度、认可度,也可使勐根村各个小组整体围绕音乐发展起来。信息服务系统具体包括旅游资讯系统、旅游信息系统、数字勐根村系统、电子商务系统。

2. 给排水系统规划

1) 给水工程规划

从勐根村旁边的南根河引水,以修建中、小型水库等蓄水工程为主,配套建设引、提水工程,形成重点水源工程输水系统。共布置水库两座,同时结合地质地形,修建一定数量的小型雨水集畜工程,作为补充水源或者用于小组村民缺水的燃眉之急,或者断电的时候用于发电。建设集中式供水工程 2 处,日供水规模约 3000 m^3,分散式工程 8 处,"两核心,六分区"每处有一分散式供水工程,可解决规划区内每一小组村民的生产和生活用水问题,并且还可解决街道清洗、游客用水等一些基础设施用水问题。

为了使勐根音乐小镇项目成功开发建设,积极推进勐根音乐小镇开发建设水源工程及配套水利设施,规划南根河,建设两座大型水库——南根水库一站和南根水库二站,即每个小组的分散式工程小型水库等项目。

2) 排水工程规划

排水体制采用雨污分流制。

雨水处理:河流汇水区的雨水通过地面散排、道路组织排水等方式进入河流周边预设的溢流井,排向溪流。溪流汇水区外的雨水则进入雨水管道,汇入区内雨水排放系统。

雨水排放要严格执行国家规范,杜绝无组织排放。区内最高日污水量按给水量 90% 的标准计算,污水经排污系统进行收集,防止渗漏,禁止流入南根河和村庄内的稻田中。

在回塘哈尼文化体验区、茶文化养生区、音乐温泉度假核心区、勐根傣族文化体验区、房车营地休闲区、南波别片区这"两核心、六分区"中,各建一个小型的污水处理站,实现污水区内处理。

3. 通信邮政规划

1) 邮政规划

在勐根村 214 国道旁的入口综合服务区和音乐温泉度假核心区内设置邮局,为游客和当地村民提供邮政服务;在回塘哈尼文化体验区、老达保拉祜音乐风情核心区、茶文化养生区、音乐温泉度假核心区、勐根傣族文化体验区、房车营地休闲区、南波别片区这"两核心、六分区"中,增设邮政纪念品和音乐明信片的售卖点,并且在民宿或者老达保拉祜音乐风情核心区中增设照片拍摄地,印在明信片中,或者作为相册。

2) 有线电视

勐根村有线电视纳入澜沧县广播电视系统,在民宿和高档酒店中,每套客房中至少配备一台电视机,配备既能与前台沟通的电话又能够拨打国内及国际长途的有线电话。在入口综合服务区和回塘哈尼文化体验区、老达保拉祜音乐风情核心区、茶文化养生区、音乐温泉度假核心区、勐根傣族文化体验区、房车营地休闲区、南波别片区这"两核心、六分区"中,各设置一间公共信息亭,具备固定电话通信、自助式服务、紧急呼救等功能。

3) 移动通信

规划移动电话普及率达 80 部/百人以上,特别是工作人员,必须每人都有移动通信方便工作;在入口综合服务区和回塘哈尼文化体验区、老达保拉祜音乐风情核心区、茶文化养生区、音乐温泉度假核心区、勐根傣族文化体验区、房车营地休闲区、南波别片区这"两核心、六分区"中,每个去的最高点规划一个移动通信信号塔,信号覆盖范围为小组内部,满足勐根音乐小镇移动通信网络需求。

4) 互联网

营造便捷的网络环境,在每家民宿和高档酒店中以及入口综合服务区的前台人员必须配备电脑,以方便网上住宿条件的订购,并且客房均有专线互联网接口;其他设施也应配备互联网接口。

4. 环境卫生规划

1) 厕所建设及改造

在勐根村的入口综合服务区和回塘哈尼文化体验区、老达保拉祜音乐风情核心区、茶文化养生区、音乐温泉度假核心区、勐根傣族文化体验区、房车营地休闲区、南波别片区这"两核心、六分区"中沿途、景点区域设置厕所,一般公厕之间的距离750—1000米,以步行30分钟为宜。

2) 固体废弃物

制定严格的卫生环境管理措施。在入口综合服务区和回塘哈尼文化体验区、老达保拉祜音乐风情核心区、茶文化养生区、音乐温泉度假核心区、勐根傣族文化体验区、房车营地休闲区、南波别片区这"两核心、六分区"中沿途、景点区域配置足够数量的垃圾桶,垃圾桶之间的距离一般不超过100米,并在入口综合服务区和回塘哈尼文化体验区、老达保拉祜音乐风情核心区、茶文化养生区、音乐温泉度假核心区、勐根傣族文化体验区、房车营地休闲区、南波别片区这"两核心、六分区"中的最外围建设垃圾收集站和转运站。

3) 环境卫生维护

增设秩序巡查员,负责监管内部人员车辆停放,各小组内乱堆乱放现象等,保证场地内无乱堆、乱放、乱建现象。对出现剥落现象的建筑物及时进行粉刷、修复,保证建筑物外观美观。每条街道都配备两个垃圾清理人员,保证街道的整洁干净和美观。

5. 供电工程规划

各内用地按使用性质分别选取不同估算用电负荷指标:

居住用电:取4千瓦/户,同时系数$K=0.4$。

公建用电:取60—80瓦/平方米(建面),$K=0.6$。

道路用电估算:2瓦/平方米(用地)。

整个勐根村回塘哈尼文化体验区、老达保拉祜音乐风情核心区、茶文化养生区、音乐温泉度假核心区、勐根傣族文化体验区、房车营地休闲区、南波别片区这"两核心、六分区"中坚持环保生态节能理念,其中"两核心,六分区"试行风力发电。并辅以太阳能发电,逐步使整个勐根音乐小镇形成良好的新能源利用体系,环保节能深入村民心中。

6. 燃气工程规划

规划采用天然气作为勐根音乐小镇的第一气源,利用澜沧县的输气管道,将其延长到勐根音乐小镇的各个小组中,在滨河景观带新建配气站一座,主供各个小组的村民生活用气,设计规模2000标立方米/日。

7. 防灾系统规划

1) 防震

勐根村入口综合服务区和回塘哈尼文化体验区、老达保拉祜音乐风情核心区、茶文化养生区、音乐温泉度假核心区、勐根傣族文化体验区、房车营地休闲区、南波别片区这"两核心、六分区"中的设施及建筑工程必须按国家颁布《建筑抗震设计规范》(GB50011—2001)所规定的建筑抗震设防分类标准进行抗震设计和建设,抗震设防烈度为7级。

2) 防洪

加强勐根村旁南根河的管理,严禁在河道内乱采挖及倾倒垃圾杂物和乱排放污水,严禁侵占河道及在河道内修建碍洪性建筑物和发电系统装置。建设排洪沟,完善勐根音乐小镇内排水设施,对勐根音乐小镇旁的南根河及勐根音乐小镇内的河道疏浚清淤。

3) 防地质灾害

在入口综合服务区和回塘哈尼文化体验区、老达保拉祜音乐风情核心区、茶文化养生区、音乐温泉度假核心区、勐根傣族文化体验区、房车营地休闲区、南波别片区这"两核心、六分区"建设过程中,选择适宜的建设用地,不能影响村民的正常生活。避开可能的灾害多发地带,减少灾害对各类设施的影响,森林斜坡地带尽量以观光为主,拒绝建筑物的修建。通过人文和生态的有机结合,维持勐根音乐小镇人文和自然的平衡,减少和降低一些地质灾害的发生。

建立完善的地质灾害预警预防系统,逐步建立包括灾害风险分析和评估、灾害预报与预警、灾害防御和治理等灾害防御体系。有效做好地质灾害预警工作,尤其是每年的汛期,针对山区易发生的滑坡、崩塌、泥石流等灾害,做好地质灾害气象预警预报。

4) 消防与防火

勐根音乐小镇内消防的重点是回塘哈尼文化体验区、老达保拉祜音乐风情核心区、茶文化养生区、音乐温泉度假核心区、勐根傣族文化体验区、房车营地休闲区、南波别片区这"两核心、六分区"中生活用电用火用气和周边的林地集中区域及建筑物。

各项建设严格执行国家颁布的消防规范、防火等级,健全消防设施,在工程规划建设时保留消防通道和建筑物的防火间距。

8. 医疗设施规划

规划在入口综合服务区、老达保拉祜音乐风情核心区、勐根傣族文化体验区、南波别片区这"两核心、六分区"中建立四家医院,不占较多的位置,并且改善医疗条件;并建立勐根音乐小镇与医院的合作关系,双方签订长期合作协议,提高医疗设施。

在回塘哈尼文化体验区、茶文化养生区、音乐温泉度假核心区、房车营地休闲区这"两核心、六分区"中设立四个医疗急救站,并在回塘哈尼文化体验区、老达保拉祜音乐风情核心区、茶文化养生区、音乐温泉度假核心区、勐根傣族文化体验区、房车营地休闲区、南波别片区这"两核心、六分区"中设立医疗急救点8个,彻底完善勐根村的医疗条件。

9. 教育设施规划

将勐根村内的学校提升为九年制义务教育学校,并把音乐作为一门主要课程加入音乐学习中,在正规的学习音乐中,把老达保拉祜音乐规范交给每一位学习音乐的孩子。

根据勐根音乐小镇功能区的配套需要,可以建设拉祜音乐培训学校和民族文化语言学习培训班、傣陶工艺培训班、拉祜吉他音乐培训班、哈尼服饰绣制培训班、竹编工艺培训班等。

10. 金融设施规划

在回塘哈尼文化体验区、老达保拉祜音乐风情核心区、茶文化养生区、音乐温泉度假核心区、勐根傣族文化体验区、房车营地休闲区、南波别片区这"两核心、六分区"中,每个功能分区增设商业银行营业所,并且增加24小时银行自助提款机,1000至1200米之间至少有一台银行自助提款机;入口综合服务区旁必须有至少3台银行自助提款机。

(十) 营销策划

1. 营销思路

以基础和核心市场游客的需求为目标,开发音乐之旅、文化休闲、民俗体验、休闲度假、生态养生等旅游产品和旅游线路,首先打响音乐小镇的名号。因为本身勐根村的旅游发展严重滞后,所以要进行开发就要全面整合其资源进行包装,而其核心资源的特殊性,目前中国市场该类旅游产品的稀有性,让勐根音乐小镇有突出优势成为国内知名特色小镇及国家级旅游度假区。

2. 营销推广口号

1) 主要营销口号

聆听大山天籁,感受民乐情怀 —— 勐根音乐小镇。

2) 备选营销口号

与拉祜共耕共织,于田间共演共奏 —— 勐根音乐小镇。

大山深处的音乐天堂 —— 勐根音乐小镇。

歌声飞出勐根村,唱响音乐哈列贾 —— 勐根音乐小镇。

大自然中的放声歌唱,你我共同的音乐梦想 —— 勐根音乐小镇。

中国唯一特色音乐小镇 —— 勐根音乐小镇。

3. 营销策略

1) 线上营销

(1) 目前网络上能查到的勐根村相关资料非常少,所以首先要在勐根村村委会、澜沧县政府、普洱市政府甚至云南省政府完善其相关旅游资讯,并在官网上分出专栏大力宣传勐根音乐小镇的特色旅游产品。

(2) 与途游、去哪儿、携程、马蜂窝等知名旅游网站、App 合作,线上推出勐根音乐小镇旅游线路及产品,并设置云南旅游主题专栏广告,宣传勐根音乐小镇。

(3) 推出微博、微信公众号,定期更新旅游资源和旅游动态,积累旅游人气和名气。

(4) 请网络红人打广告,现在人们平时用在网络上面的时间不少,微博红人、旅游博主、知名公众号等网络红人的传播效应非常快,可以迅速提高勐根音乐小镇的知名度和影响力。

2) 交通线广告投放

在 G214 国道、澜沧县公路、国道、普洱市航空港、铁路、公路干线等出入口和沿途各点设置大型广告牌,通过 DM 直投、手机导引等方式,快速提高勐根音乐小镇的知名度和影响力,拉动周边客源市场。

3) 举办特色节庆

除了勐根村本地的少数民族节庆之外,还可以举办勐根村采茶节、勐根村音乐节、勐根村美食节等特色节庆,不仅可以吸引游客互动,还可以展示勐根音乐小镇的活力,彰显其文化特色。

4) 承办演唱会、音乐会,举办歌舞比赛等

举办哈列贾音乐会,承办明星歌手演唱会,利用明星效应,提高勐根音乐小镇的知名度,在当地举办民族歌舞比赛,男女老少皆可参加,创造小镇音乐文化活力。

(十一) 可行性分析

1. 政策可行性

项目的策划或规划,一般都会涉及一些国家的政策或地方和部门的法规,政策是否允许,

是鼓励还是限制；法规是否符合，是抵触还是遵守，都必须进行充分的分析和考虑。有了政策、法规的支持和保护，项目的开发就比较容易推进，容易获得成功，反之，项目就无法进行。在勐根音乐小镇项目的开发设计中，我们利用《中华人民共和国城乡规划法》《中华人民共和国土地管理法》《中华人民共和国自然保护区条例》《云南省旅游文化产业发展规划（2016—2020年）》《云南省旅游文化产业发展规划实施方案（2016—2020年）》《澜沧拉祜族自治县土地利用总体规划（2010—2020）》等法律法规，进行勐根村的项目开发，实现勐根村经济在旅游业的发展下快速发展起来，在一些建设中可能会征用土地，但是有政策的保障，形成村民失地不失业的良好局面。

2. 环保可行性

环保问题已经成为国民经济发展中十分突出的问题，再也不能以牺牲生态环境为代价，以谋求经济的发展，旅游事业的发展尤其如此。对于旅游来说，生态环境是第一位的，丢了生态环境就是丢了第一卖点。因此，破坏生态环境的项目，经济效益再好也是不能干的。当然，旅游开发必然会带来旅游者的大量涌入，这就肯定会对环境带来或多或少的影响。因此，我们要从规划一开始，就必须力保环境影响度近乎零的目标，达到环保可行性的要求。在勐根音乐小镇项目的开发设计中，塘哈尼文化体验区、老达保拉祜音乐风情核心区、茶文化养生区、音乐温泉度假核心区、勐根傣族文化体验区、房车营地休闲区、南波别片区的建筑和民宿采用的是符合国家环保标准的材料与设计，并且厕所垃圾桶随处可见，然后每条街道都配有2个保洁人员；森林资源都是以观赏为主，没有什么大的开发，并且在总体定位中将维护生态资源作为重点项目；环保要求以国家为标准。

3. 技术可行性

规划任务的实现还要有技术上的保证，所有项目的设计都要有严格的技术论证，有的重要项目还应该做灾害性评估和可靠性试验。旅游开发和休闲娱乐设计中，越来越多地依托现代科技。全面自主创新，这是非常可喜的现象，但是，我们一定要采用成熟的技术和可靠的设计，必须在功能和安全两方面，确保其技术的可行性。在勐根音乐小镇项目的开发设计中，在房车营地休闲区我们就采用了灾害性评估，因为坡度和森林资源的丰富性，房车建设必须依靠技术，必须经过反复的实验，才能选择确切的位置，因此在技术上我们对每个片区都做了一定的规划。

4. 投资可行性

规划的落实需要有资金投入的保证。无论是资金一次到位，还是分期建设滚动开发，或者采取招商引资，合作开发建设，都必须根据不同情况进行分析，确保项目投资的可行性。在勐根音乐小镇项目的开发设计中，澜沧老达保快乐拉祜演艺有限公司在此成立，并且在老达保音乐的开发中占主导作用，音乐项目的开发、演艺舞台的搭建等都是澜沧老达保快乐拉祜演艺有限公司投资修建的；并且在规划方面我们也是征得政府的同意，积极拉动政府的投资，在规划基础设施方面基本是拉动政府的投资。

5. 市场可行性

市场是规划项目能否生存的关键，我们开发的项目必须植根于市场，没有市场，没有客源，就没有了生存和发展的条件。因此，必须对策划、规划的项目进行周密的市场调研，客观地做出市场分析，科学地进行市场预测，得出市场可行性的明确判断和可靠结论。在勐根音乐小镇项目的开发设计中，我们首先做的就是市场调研，我们发现老达保是唯一一个有拉祜族的村庄，并且每位拉祜村民从小就喜欢音乐，吉他从不离身；在知道拉祜族音乐文化深厚的情况下，根据当地的傣族文化、哈尼文化等独特旅游资源进行整合开发。境内市场和境外市场，我们都做过较为详细的分析,将市场从小的市场逐步定位到大的市场,从云南到世界各地都有爱好吉他音乐的人,从内到外抓住这一部分人群,使其成为勐根音乐小镇的主要客源市场。

6．战略定位可行性

定位是规划项目成功的关键,是整个项目的核心发展关键,我们开发的项目必须要有战略定位作为我们整体规划的指导,这样才能使我们的规划有中心思想,并且贯穿于我们整个规划之中。在勐根音乐小镇项目的开发设计中,我们的定位为"大山民族情,农耕艺术村",这是我们结合勐根村自身的资源优势所做出的定位;勐根村四周都是山,并且内部建筑以拉祜族哈尼族、傣族等传统民族建筑为主,其中以老达保拉祜音乐最具特色,吉他本是城市的奢侈品,却成为一个小小村落的象征;村民扛起锄头是农民,拿起吉他是音乐家,所以将其定位为"大山民族情,农耕艺术村",将其特色完全展示出来,并且正在以保护传统村落、维护生态资源,传承地域文化和自然相和谐,积极构建"音乐文化+"的旅游产品体系,真正将战略定位落到建设开发的实处。

（十二）环境保护与影响分析

1．规划原则

1）生态保护优先原则

重点保护现有原始生态环境,使之成为重要的生态景观资源与开放空间,力求创造更加自然舒适的生态环境。

2）尊重当地文化原则

充分挖掘当地现有的人文元素、民族风情、自然景观和人工景观的要素与潜力,精心创造特色音乐小镇景区空间,提升景区形象。

3）科学规划与规模控制原则

对旅游人口和建设用地规模进行科学规划和双重控制,同时完善配套的基础设施和公共服务设施,使景区的环境建设更为科学。

4）动态规划原则

景区开发是一个动态的过程,顺应旅游市场发展需要,努力寻求经济、社会和环境效益三者结合最优化的开发模式。

5）因地制宜的原则

尊重物种的多样性,维护栖息地质量,利用当地特有的音乐元素,构建有助于自然发展、社会和生态健康的环境,以及适宜的人与自然相互依赖与共存的空间。

2．规划措施

1）法律法规

严格贯彻实施《中华人民共和国环境保护法》《森林法》《水土保护法》《清洁生产促进法》《循环经济促进法》等国家法律法规,对资源与环境进行有效保护。

2）建立环境保护管理体系

制定相关的规章制度,建立环境保护管理体系,将环境与人相结合,形成一种人为管理模式;开展多种渠道、多种形式的环境保护宣传活动。

3）可持续发展策略

维护、合理使用并且提高自然资源基础,加强宣传可持续发展策略,增强环保意识,依法治镇。

3．分级保护规则

根据资源与环境的现状、价值和脆弱性,把旅游资源保护分为三个级别。

1) 一级保护区

指资源价值高、环境承载力较低的地段,在旅游开发中应该有限度地对游人开放,要控制游客行为、游客量和开发建设规模,禁止修建任何破坏小镇原始度和美观度的建筑,杜绝污水、污物、乱建、乱放现象。主要为勐根村的核心区及音乐温泉度假核心区、老达保拉祜音乐风情核心区,以拉祜族吉他音乐为主。

2) 二级保护区

指资源价值稍逊,但有一定环境承载力的地区,游客容量可相对放宽,但要控制游客行为和开发建设规模。主要以围绕老达保音乐小镇开发的回塘哈尼文化体验区、茶文化养生区、勐根傣族文化体验区、房车营地休闲区、南波别片区为主。

3) 三级保护区

此类地区资源条件一般,难以单独吸引游客,但对旅游区的意境氛围的塑造和旅游项目设施的建设至关重要,应进行建设控制,不得在此范围内乱建房屋和其他建筑物。主要为勐根村规划以外的区域,重点为游客服务中心、酒店服务区及游客接待区。

4. 森林资源保护

1) 保护范围

水源涵养林、山林、常绿针叶林、落叶阔叶林、针阔混交林、暖性针叶林、温性针叶林等森林资源。

2) 保护措施

森林防火:认真贯彻《森林法》和《森林防火条例》,坚持"预防为主,积极消灭"的方针,强化森林防火的各项措施。

病虫害防治:坚持"预防为主,综合防治"的方针,建立健全病虫害防治机制,保护森林资源。

人工栽培:坚持以保护森林为主,扩大森林资源、人工栽培森林资源,做到以森林保护为主,开发为辅的原则。

5. 水体保护

音乐小镇内,限制工业项目的建设,杜绝工业污染源;居民和游客集中区域的生活污水必须进行处理,并经环保部门检查达到排放标准;适度开展水上游乐项目,控制规模以不影响水体污染;建立必要的机构,加强水质的监测和管理。

重点加强区域内勐根村老达保、勐根河等饮用水源地区域的水体保护。明确水源保护区域范围,严格执行云南省《饮用水水源保护条例》。保护区内,禁止污水排入、周边开展向水体排放污染物的建设项目、破坏与饮用水源保护相关的植被等可能污染饮用水源地的行为。

老达保每户产生的生活污水,通过地下管网收集,统一进入沉淀池。沉淀池中可以去除污水中的漂浮物,还能沉淀一些无机物,随后进入湿地,经过湿地的介质渗透,并通过芦苇吸附水中各种有机物。这种处理方式的先进性就体现在5层介质,每层由不同介质按特定配比混合组成,为好氧、厌氧微生物提供最佳生长和活动环境,使污水处理工艺效果达到最大化。

6. 环境污染源治理

生活污水、旅游垃圾、粪便、粉尘、废气及噪音等环境进行分类防治,保障音乐小镇内的基本生活环境。

7. 旅游环境容量

面积容量法:$C = A \times D/a$。

式中:C 为日环境容量,单位:人次;a 为每位游客应占有的合理游览面积,单位:平方米/

人;A 为可游览面积,单位:平方米/人;D 为周转率(D=景点开放时间 8 小时/游览景点所需时间)。

经测算,勐根音乐小镇日环境容量为 4.26 万人次,音乐小镇全年可游览天数按 300 天计算,则年环境容量为 1278 万人次。

经测算,勐根音乐小镇日合理游客量为 2.86 万人次,音乐小镇全年可游览天数按 300 天计算,则年合理游客量人次为 867 万人次。

(十三)保障体系规划

1. 政策保障体系规划

1) 加快立法进程,完善相关法律法规

旅游业作为一项行业跨度和关联度极强的经济产业,尤其需要政府发挥其宏观调控作用加以大力扶持。勐根村所在市区普洱市应该加快完善相关旅游法律,积极实施鼓励休闲、会议、度假等新兴旅游形态发展的相关法律、法规,从宏观上对该地区旅游业发展有实质性的支持,并且要走依法治旅、依法兴旅的道路。

2) 引导民营资本,健康发展旅游

(1) 建立大项目鼓励政策,对投资过固定金额以上的旅游项目给予优惠措施,予以引导民营资本集中发展精品项目,创金字品牌。

(2) 建立政策引导资金,鼓励民营资本进入公共产品开发与管理领域,推动公共设施转化为旅游产品,并促进公共设施的市场化管理机制的建立。

(3) 建立行业信息公开发布制度,利用行业市场信息引导资本投入。

3) 制定优化旅游企业组织结构的政策

(1) 优化产权结构,明确产权关系。

目前勐根村的旅游文化产业正处于起步阶段,一些旅游企业才刚刚开始,这时候正需要明确产权关系、优化旅游企业的产权结构,使其政企分离,产权清晰。

对于勐根村的旅游企业来说,一方面,政府应该做到从宏观上调控,从政策上扶持,鼓励旅游企业的成立和发展,但是却要放手使其自身去经营、发展;另一方面,应该鼓励企业树立自身产权保护意识,优化产权结构意识;还可以鼓励组建不同形式的行业协会,充分发挥民间行业协会自治自律作用和监督咨询的职能,切实维护旅游企业自身的合法权益和行业的公平竞争秩序,使之成为企业与政府之间的协调者、沟通者。

(2) 扩展旅游企业的资金融通手段。

为了提高旅游企业的竞争力,增强旅游企业的资金实力,提高企业使用资金的效率,提高资金使用的周转率就非常有必要了。除了常见政府投资融资外,政府应该政策上鼓励旅游企业借助现代化的融资渠道和手段进行融资。

旅游企业发展前期可以通过 PE、VC 或者银行贷款实现融资,等企业发展到一定阶段,利润稳定后再通过银行融资和定向募集实现融资。政府还可以政策上保证旅游企业能够有效利用这些融资渠道,从而增强自身的竞争力。

(3) 改善旅游企业外部经营环境。

政府可以从政策上为旅游业的发展提供良好的经营环境,减少其经营成本。因勐根村目前基础设施还不完善,对于旅游企业的经营也会造成不良影响,所以应该加快基础设施的完善;对旅游行业的企业可适当降低税收、水电等方面的收费尺度,使其经营利润有所增加;完善相关行业管理制度,使其企业间形成良性竞争,避免价格竞争。

4) 促进旅游业区域合作的政策

开展区域旅游合作,利用不同区域的旅游资源,实现优势互补,以此扩大旅游经营的规模和影响力。

在澜沧县东南区域范围内,可以联合景迈、糯扎渡镇的旅游资源,充分利用景迈的千年万亩古茶山和茶文化,糯扎渡镇的古战场、古歇场、古渡口等文化古迹,打造澜沧县东南区"一音一古一茶山"的旅游发展片区。

完善区域旅游发展总体规划,整合普洱市甚至是云南省内的旅游资源,有方向、有计划地联合旅游资源,打造特色旅游片区,加强其之间的联系,并在政策上鼓励促进区域内旅游合作。

5) 加强基础设施建设的政策

由于目前勐根村旅游基础设施相对落后,所以急需加大基础设施建设力度,政府在这方面需加大投资力度。

在建设旅游道路、专用码头、机场、扩建通信等基础工程方面,适当提供倾斜性政策,吸引社会资金投资。

6) 培养旅游人才的政策

勐根村目前整体旅游服务水平较低,对于专业的策划、管理、营销、服务等方面的人才十分缺乏,所以急需培训或引进人才。除了人才引进,还需要提高当地教育水平,提高当地人才培养的能力。

(1) 培养或引进人才,建立一支精通外语、了解旅游市场需求、旅游业运作与管理规则的工商管理人才队伍。

(2) 可以从当地村民中培养一批了解当地的导游人才。

(3) 培养目的地或旅游区营销与产品策划人才。

(4) 培养一批公共管理人才,以实现高效率的宏观层次的调控和管理。

(5) 从当地村民中选出或培养会做当地特色美食的厨师等。

(6) 建立旅游培训中心,在学校中设置旅游专业,加强企业与学校、企业与旅游培训中心之间的人才合作。

2. 市场保障体系规划

1) 完善和强化行业管理制度

(1) 制定和完善行业管理制度,规范旅游相关企业运营行为。勐根村的旅游业可以说刚刚开始发展,这时候就需要制定出行业相关管理制度,这样才能让旅游企业尽快健康地发展起来。

(2) 对于行业内的某些经营管理行为,简化其行政审批过程,提高行政审批效率,使企业的经营管理能够高效率进行,而不会错失某些市场机遇。

(3) 提高企业的环保成本,加强对企业破坏生态环境、过度开发利用资源等行为的约束,加强环境保护的监管力度。并在行业中树立起企业标杆,树立模范引领企业管理行为。

(4) 对行业中某些物价进行统一管理,并对企业进行监督和管理。

(5) 制定行业考核标准,每三年一次定期对企业和从业人员进行考核。

(6) 对企业的经营和服务进行定期和不定期的检查,建立起行业奖惩制度,并严格依照制度执行。

(7) 通过媒体宣传,激励优秀企业的发展,对某些企业不当的经营管理行为进行社会舆论压制。

2）市场规定的制定和执行

由于勐根村旅游业刚开始起步，还没有发现其市场运行中的规律和问题，但是对于企业市场行为还是要予以控制和管理，所以目前可以参照我国已经出台的众多旅游标准，依照国家旅游标准体系来进行市场管理。

3）服务质量监控和价格管理

（1）旅游服务质量和价格是旅游行业管理的关注焦点，所以在规划时就应该划入规划范围，根据勐根村目前旅游业发展状况进行管理规划。

（2）对行业中的某些价格进行规范化管理，例如门票价格的制定、特殊商品的价格等，采取统一管理，避免企业之间的恶性竞争，维护市场良性的竞争环境，保证企业之间竞争的公平性和公正性。

（3）由于勐根村的旅游业刚开始发展，某些行业的服务质量还有待提高，所以可以定期地组织培训，召集企业头脑组织开会，强调服务质量的重要性，保证勐根村的旅游业服务质量。

（4）成立监督小组对相关旅游企业进行不定期视察和监督，以保证旅游行业的经营管理规范化，保障旅游者的切身利益。

（5）后期根据勐根村的旅游业发展状况再探索符合该地特色的社会化监控网络和联合管理体系。

3. 人力资源保障体系规划

1）旅游教育与培训体系的设计与优化

（1）旅游教育和培训是自主培养旅游专业人才的重要途径之一，而目前勐根村的教育水平整体不高，所以前期还需要从普洱市甚至其他市区来征集人才，适当提高高学历专业旅游人才的职工福利，以吸引专业人才。

（2）除了高等院校内的人才培养，还可以成立政府或社会主办的培训机构，同时开展基础教育培训和定向的专业人员，如饭店经理、前厅、客房、餐饮的工作人员及厨师等服务人员的培训工作，以快速培养出可以从事旅游业的专业人才，以补足勐根村旅游业发展前期的人才缺乏。

（3）制定相关企业与培训机构的人才合作计划，强化旅游从业人员的专项技能操作及应变能力，提高其从业适应力。

（4）完善普洱市旅游人才培训计划。

2）旅游从业人员数量与结构的设计

勐根村现有乡村人口2802人，其中农业人口2789人，劳动力1674人，其中从事第一产业人数1275人，所以可以看出目前从事第三产业的人数非常少，所以旅游业的从业人数也是非常缺乏。目前勐根村教育水平达大专以上的有15人，小学到中学文化水平的达766人，而未接受九年义务教育的人数多达2018人，也就是说占全村72%，这说明勐根村的教育水平亟待提高。针对此，我们对勐根村的旅游从业人员有一个大概的发展阶段目标设计。

（1）前期（3年）。

目前勐根村有1家注册音乐文化公司，没有旅行社，所以应该先从政策上鼓励民营企业的建立发展，同时推行持证上岗制度和职业资格认证制度，对各旅游企业的从业人员进行岗位培训和技术考核，努力争取全村的旅游从业人员持证上岗率达30%。

而目前来说勐根村的教育水平也相对较低，所以提高当地教育水平，适当提高高学历专业人员工资以鼓励人们提高自己的文化水平非常有必要，在培训机构中也要加强基础教育，争取全村旅游从业人员中达到高中文化水平的占50%，从业人员中的管理层人员会使用电脑的比例达60%。

(2) 后期(3年)。

争取全村旅游公司达5家以上,旅行社有3家左右,全村旅游从业人员中70%达高中以上文化水平,持证上岗率达60%,其中管理层人员除了掌握计算机基本技能以外还需要掌握一般会话外语。

建立全村旅游人才信息库,逐步改变传统的人才资源归部门所有、企业所有的状态,促使其向社会化、市场化发展。旅游企业和事业单位初步实行双方选择、合同用工制。

旅游管理部门也要引进和培养各类高级人才,如旅游规划、客源市场开发、旅游企业经营管理、电子商务等方面的高素质人才。

4. 生态环境保障体系规划

1) 旅游资源的保护规划

良好的自然生态环境和社会人文环境是旅游业可持续发展的前提。所以在旅游规划与开发中应该对旅游资源进行保护性开发。

(1) 对河流资源的保护。

在勐根村内,南根河由北至南贯穿全村,而村民也大都傍河而居,所以要严禁河流两岸的居民向河流中排放生活污水。由于规划中有规划滨河景观带,所以在该区域游客和居民点产生的日常生活污水和垃圾要集中处理,严禁直接丢入或排入河流之中,造成环境污染。建立奖惩机制,对自觉维护生态环境的企业或居民给予荣誉奖励,以起到模范带头作用,对违规排放者进行罚款,提高环保成本。

(2) 对大气资源和环境的保护。

勐根村位于山区,空气质量较好,但是当旅游业发展后,旅游者增多,外来人员增多,造成车辆增加后汽车尾气排放也会增加,对于大气资源会有一定破坏,所以要合理规划停车场,并推行景区小公交。当地人本身在农业生产中、日常生活中燃烧所产生的碳、硫、氮等各种氢化物也对大气有破坏,所以需要调整燃料结构,倡导使用太阳能、电能、天然气等清洁能源,争取将天然气引进每家每户,以保证景区的空气质量,也保护了其生态环境。

(3) 在某些森林区划分核心区、试验区和缓冲区。

核心区内不允许展开任何形式的旅游活动;实验区内可以有控制地开展一些观光、科考活动,但是不能建立大型的永久性设施;在缓冲区内可以开展观光游览项目,还可以设置一些小型接待设施。对于珍稀的濒临灭绝的动植物,要建立自然保护区。

2) 环境承载力的控制规划

勐根音乐小镇的日环境承载力为4.26万人次,每天在入口综合服务区需要严格控制,超过4万人,入口综合服务区需要立刻停止售票,并且小镇不能再进入游客;需要安排专门的人员管理,严格控制。

5. 危机管理保障体系规划

1) 建立勐根村旅游景区危机的培训与训练系统

将旅游景区危机管理知识作为勐根村旅游景区领导、工作人员和讲解员等培训的必修课,针对本地区曾经发生、可能发生的旅游景区危机形式,如自然或人为灾害、突发事件等所采取的紧急应对的程序、手段、措施等方面进行培训和训练,以培养他们的危机防范意识和危机处理能力。

2) 建立勐根村旅游景区危机预警系统

为了防止危机的发生,做好危机的预测与预防工作,一是建立勐根村旅游景区危机管理机构,包括决策机构、咨询参谋机构和执行机构。二是建立灵敏、准确的信息监测系统,即时捕捉、收集相关信息并加以分析处理,对可能出现的勐根村旅游景区危机事件做到心中有数。三是不定期开展勐根村旅游景区危机工作自我诊断。

3) 建立勐根村旅游景区危机反应系统

由于旅游景区危机具有突发性,所以快速反应是关键。而旅游景区危机得以快速处理的前提是具有一套完备有效的危机处理系统。一是要成立危机处理核心小组。旅游景区危机处理核心小组的决策水平和预见能力的高低将直接决定危机处理进程和结果,也是危机能否得到圆满解决的关键所在。二要迅速查清事件的基本情况。调查危机发生的种类、时间、地点、原因,判断事件性质和危害程度,确定事件的后果和影响。三要及时制定危机处理应急策略。决策方案既要全面,对组织领导体系、现场处置方式、后勤保障、媒体报道善后处理等进行详细安排,同时,在制定方案过程中又要注意听取专家意见。四要建立信息披露机制。将危机的真实情况尽快、主动、尽可能详尽准确地公布给旅游者或公众,这是争取民心、广泛利用社会资源的重要环节。

4) 建立勐根村旅游景区危机恢复系统

一方面,要设置专门机构进行善后处理工作,对伤亡或受到伤害的人员进行安抚,重建旅游者或公众对勐根村旅游的信任与支持;另一方面,广泛发挥社会各方面力量,争取政府部门、社会团体乃至相关国际组织的支持和援助,扭转被动局面。

(十四)建设时序

1. 近期建设计划(2018—2020年)

1) 重点建设板块

云南省澜沧县酒井乡勐根音乐小镇。

2) 近期建设目标

使勐根音乐小镇的住宿条件得到完善,区域主干道交通得到有效改善,老达保音乐小镇与入口综合服务区的可进入性得到极大的提升;整个勐根村的基础设施条件提升一个档次,全面改变设施条件,旅游服务设施基本满足近期旅游发展要求;根据项目建设时序的安排,全面落实近期建设项目,实现锰根村老达保音乐小镇旅游吸引力的全面提升,使其音乐小镇的影响力在全国范围内快速提升;通过对锰根村的功能分区划块、基础设施完善、旅游配套建设,初步将锰根村建设为特色较为突出和有一定接待能力的旅游音乐小镇;初步展开部分小组区域的特色商业街、音乐会演街和民宿街的开发,满足伴随着旅游开发而增加的置业与旅游经营性需求,使小镇初具规模。

3) 优先建设内容

优先建设内容包括锰根村内外区域主干旅游交通路网,以及锰根村音乐小镇和入口综合服务区的基础设施配套;锰根村周围除214国道以外,从入口综合服务区到锰根村音乐小镇的各个功能板块的交通道路必须优先建设与完善,另外功能板块内有助于核心吸引力和旅游接待能力快速提供的重要旅游项目;锰根村各大板块内,除老达保拉祜音乐外,其他功能板块内,旅游投资规模较小,但能快速提升旅游体验性和旅游接待能力的旅游服务接待项目。在214国道旁,建设的入口综合服务区需以音乐元素为主体,任何服务中都带有音乐元素。

4) 其他建设内容

实现部分小组区域的特色商业街、音乐会演街和民宿街的开发,根据游客量预测进行适度建设,但在总量上形成严格控制,避免供大于求而造成的资产的闲置与浪费;锰根村老达保音乐小镇要做好音乐会演等建筑建设的控制和改造;锰根村除老达保音乐小镇外其他功能区做好简单的民族文化开发、生态旅游开发和民宿旅游接待,不做大体量的旅游设施建设;入口综合服务区要做好接待工作,在人员素质要求方面要严格控制;在锰根村的建设中,完成各个小组中村民的安置工作。

2. 中期建设计划(2021—2024年)

1) 建设目标

214国道旁的入口综合服务区、锰根村音乐小镇内的各大功能板块,除需要精致雕刻的建设外,主要旅游项目全部完工;回塘哈尼文化体验区、茶文化养生区、音乐温泉度假核心区、勐根傣族文化体验区、房车营地休闲区、南波别片区开发基本完成,老达保拉祜音乐风情核心区开发初步完成;滨河景观带区域和入口综合服务区的基础设施、交通路网得到全面完善和提升;老达保拉祜音乐风情核心区的吉他音乐特色和拉祜民族特色进一步突出,旅游接待能力得到全面加强,能有效发挥旅游集散和服务核心作用;锰根村音乐小镇成为旅游经济产业,带动酒井乡区域经济发展,成为其经济支柱产业。最终旅游项目建设全部完成,旅游接待能力大幅提升,基础设施全面完善,形成以音乐、休闲、养生旅游产品为主的旅游产品结构,打造区域范围内具有较强吸引力,并且具有独特音乐元素的国家级音乐休闲养生区;音乐小镇的旅游产业成为区域经济的龙头产业,旅游要素产业成为区域内小组村民重要的就业渠道,村民人均收入得到极大提升。

2) 建设内容

勐根音乐小镇各个功能区的公路连线建设基本完成,除214国道到入口综合服务区再到音乐小镇的主干交通外,进一步提升各个功能区之间次干道,丰富区域路网;进一步提升"两核心,六分区"景区近期已建设项目的开发质量,并根据项目建设时序安排,有效推进中期建设项目,增强音乐特色带来的冲击感和民族特色旅游产品的供给;老达保拉祜音乐风情核心区,展开全面的拉祜音乐建设和旅游开发,中期内所有旅游开发项目全部完成;回塘哈尼文化体验区、茶文化养生区、勐根傣族文化体验区,展开除高端消费旅游产品外,建设代表其特色的民宿;音乐温泉度假核心区、房车营地休闲区、南波别片区,展开建设高端产品、高端酒店等。

全面落实安排在中期建设的景区项目建设,完成所有的勐根村旅游项目建设;在勐根村成功带动经济发展之后,着力开发勐根村以外的村落的建设,拓展旅游开发空间,带动区域内旅游关联产业发展;进一步优化旅游服务环境和服务水品,强化旅游管理水平。

(十五) 投资预算

1. 项目投资预算

(1) 投资预算范围为规划区内的各项基础设施建设、旅游项目建设及运营管理等费用。

(2) 投资预算。

景区投资预算分析表如表1-10所示。

表1-10 景区投资预算分析表

序号	建设工程	建设区域	建筑工程量	投资预算/(亿元)
一	主体工程			5.52
1.1	入口综合服务区	G214国道与073乡道交界处	0.0337	1
1.1.1	游客服务中心	G214国道与073乡道交界处	0.0167	0.8
1.1.2	集散广场	G214国道与073乡道交界处	0.017	0.2
1.2	回塘哈尼文化体验区	回塘小组	0.5	0.02
1.2.1	特色工艺坊	回塘小组	0.48	0.02

续表

序号	建设工程	建设区域	建筑工程量	投资预算/(亿元)
1.3	老达保音乐风情核心区	老达保	0.0864	0.9
1.3.1	民族工艺品商业街	老达保	0.08	0.8
1.3.2	HELEJA音乐酒吧	老达保	0.0014	0.03
1.3.3	特色民宿	老达保	0.005	0.07
1.4	茶文化养生区	勐根茶场二队	1.2023	0.21
1.4.1	茶园、加工厂等	勐根茶场二队	1.2	0.2
1.4.2	茶馆、茶厅	勐根茶场二队	0.0023	0.01
1.5	音乐温泉度假核心区	勐根村	2	3
1.5.1	中高端酒店	勐根村	—	1.8
1.5.2	乡村音乐温泉会馆	勐根村	0.45	0.3
1.5.3	特色美食街	勐根村	0.72	0.9
1.6	勐根傣族文化体验区	勐根大寨	0.7	0.03
1.6.1	特色水果街	勐根大寨	0.38	0.012
1.6.2	土陶工艺坊	勐根大寨	0.32	0.018
1.7	房车营地休闲区	勐根村	1.9	0.23
1.7.1	房车营地休闲地	勐根村	0.7	0.12
1.7.2	怡情花海	勐根村南根河旁	1.2	0.11
1.8	南波别片区	南波别	0.6	0.03
1.8.1	森林氧吧	南波别	0.6	0.03
1.9	滨河景观带	南根河	2.1	0.1
二	旅游基础设施建设	勐根村	—	20
2.1	厕所	勐根村	24个	0.1
2.2	道路	勐根村	—	12
2.3	其他	勐根村	—	7.98
三	旅游营销费用	勐根村	—	0.3(年均0.05亿)
四	运营管理费用	勐根村	—	0.2
五	其他	勐根村	—	0.05
总共			总规划面积15.8	26.07
预留费用				5

2. 项目融资方式

1) 银行借款

勐根音乐小镇项目所需资金庞大,获得银行资金的支持是非常重要的,而银行贷款属于货币市场融资,多是中短期贷款,所以当项目启动的时候,获取银行贷款就需要云南省旅游投资开发公司的资信和音乐小镇项目本身的优质做保证。

2) 引进战略投资者,实现共同发展

勐根音乐小镇是一个中长期系统的规划过程,可以考虑引入优质战略投资者来共同运作。战略投资者的引入可解决短期资金流的不足,同时还有助于音乐小镇开发的迅速启动。

3) 发行企业债券,从债券市场融资

以企业债券的方式进行项目融资有诸多优势:债券融资规模大、时间长,适合音乐小镇开发需要;发行债券可以为音乐小镇的项目开发创造一种持续融资的能力;与银行贷款相比,债券融资属于直接融资渠道,成本较低。

4) 招商引资,引入优质的项目投资者

在严格按照空间规划和功能布局要求、限制售价的前提下,区域运营商可以有选择地对特色工艺坊、民族工艺品商业街、音乐温泉会馆、特色美食街、特色酒店与民宿等项目进行招商引资,采用灵活的方式引入优质项目投资者来建设或经营。

5) 谋求培育公式逐步上市

根据音乐小镇的项目还可以成立关于音乐小镇的股份有限公司。在规划建设时不断将建成的资产、项目置入其中,以景区经营、酒店、物业管理和旅游房地产等收入作为股份公司的主营业务收入来源,在不断开发旅游资源项目的同时,培育新的利润增长点,在股份公司培育成熟,达到证监会关于盈利要求等发行股票标准后,通过公开发行股票,实现直接上市。

(十六) 附则(略)

附则一般包括规划文本中需要补充配置的附图(项目分布图、交通布局图、绿地规划图等),附表(项目建设时序表、投资分析表等),重要的资料来源等。

三、教学指导说明

(一) 案例处理说明

本案例为学生作品,经过老师加工而成。本案例删除了前言、附则,删除了分区规划中的图表,简化了基础设施规划、分区规划章节内容,以精简案例和防止知识产权侵犯。同时也删除了部分特色小镇发展条件分析内容,供学习讨论。

(二) 案例适用范围

(1) 旅游管理专业中旅游规划策划方向的硕士、本科课程。

(2) 从事旅游规划的企、事业单位学习讨论。

(3) 课程:

旅游规划与开发。

旅游产品设计与开发。

旅游目的地管理。

旅游创意策划。

(三) 案例讨论问题设置

(1) 特色小镇类旅游总体规划与一般旅游地总体规划有何不同?

(2) 结合我国特色小镇建设的政策要求,参阅国际著名的特色小镇,讨论特色小镇规划的要点是什么?

(3) 本案例中,特色小镇的文化IP提炼是否合理?说出原因。

(4) 本案例中特色小镇的音乐产业和相关产业规划有什么不足?有何建议?

(5) 本案例中特色小镇的运营机制是否清晰?有无创新之处?有何建议?

(6) 本案例中旅游产品设计是否符合产品设计体系结构要求？有无产品创新？可以做怎样的调整？

(7) 特色小镇规划中的基础设施规划有何要求？对此，本案例的基础设施规划可以补充什么内容？

（于婷婷　吴娟）

第二章

旅游经营管理案例分析

本章节选中型景区升级与重塑、旅游景区管理、民族文化旅游、乡村旅游经营困境等案例分析。旨在深入了解不同旅游企业在建设和经营管理中存在的困难和需要直面的问题。

第一节 中型景区升级重塑

武陵山大裂谷景区位于重庆市涪陵区城东南约 40 公里的武陵山乡境内,武陵山在西北尾端,乌江下游东岸。景区创建面积 9 平方公里,主要是由喀斯特地貌形成的地质奇观,类型层次丰富,形象奇绝、雄阔壮美,是中国南方喀斯特地貌的典型代表,具有极高的观赏游憩价值。景区原生植被丰富,种类繁多,共有 2000 余种野生植物和 200 余种野生动物;景区内高差达 1380 米,集山、峡、林、泉、瀑、崖、洞、潭、溪、坑、缝于一体,特别是其状如薄刀、连绵上千米的绝壁石峰国内罕见,长约 1500 米的青天峡地缝蜿蜒曲折,其平均窄度、长度、深度堪称全国第一,弥补了国内同类地质地貌的空白。

武陵山大裂谷景区的前世今生如下。

武陵山大裂谷景区的原生自然资源丰富独绝,然而在很长的历史中,大裂谷的美"不见天日"。何故?首先,大裂谷景区曾用名——石夹沟,意为石头中夹着一条长沟。语言的确通俗,但美感尽失,景观的震撼度和资源的价值完全无法从景区名称感知。其次,极少有宣传,除少部分当地人知道有该旅游地存在,其他人不知道"石夹沟"为何物。第三,景区太过"原生态",基础设施简陋,安全度很低,旅游接待设施残缺,旅游服务除了检票几乎所剩无几。这样的旅游设施和服务配套对大众游客市场来说无疑自我损毁。最后,景区资源景观价值除了用肉眼直接看,其他途径无法领略。旅游线路设置随意粗糙,旅游景点解说牌初级,除了简单的象形介绍,没有地质地貌知识的传递,没有动植物知识的表达,没有景观鉴赏的引导。

武陵山大裂谷景区如今已全部按国家 5A 级景区建设,景观获国家文化和旅游部审定为 5A 级,其他的基建升级、产品打造、智慧旅游、全面营销都跻身全国优秀景区行列,景区经济收益、社会文化收益明显,生态修复功能日益显效。该景区获得的市场认可、行业认可颇多。目前,该景区荣获"全国十佳生态文明景区""全国景区带村旅游扶贫示范项目""一带一路·最具综合竞争力旅游景区""2016 中国最佳文化旅游景区""重庆市首批平安景区""2018 重庆市旅游先进工作单位""重庆市首批智慧景区创建单位"等。

武陵山大裂谷景区发展简史:

1998—2005年,初级开发后开放,名石家沟。

2006—2012年,景区部分封闭打造。

2013年经当地政府携手达沃斯巅峰、西南大学、长江师范学院旅游管理系,深度调研,全面规划,产生了对景区建设有革命性指导意义的《武陵山大裂谷发展总体规划》。

2013—2015年,经过一期大部分建设,初步开放,试运营,获批国家4A级景区。

2016—2019年,基建升级,服务提升,立体营销跟进,一期全面开放,打造5A级景区。

2019年后建设开发二期,包括水晶湖、五猴下山、千尺瀑等。

后续三期,开发田坝高山田园、巴渝农家及相关的旅游房地产。

二、武陵山大裂谷景区的质量建设透析

(一)初步转身,改头换面

2013年经涪陵政府、涪陵交旅集团携手达沃斯巅峰、西南大学、长江师范学院旅游管理系,深度调研,全面规划,产生了对景区建设有革命性指导意义的《武陵山大裂谷发展总体规划》,掀开了景区转变的大幕。景区由石夹沟更名为武陵山大裂谷,强势推广,一夜之间,声名鹊起。

2013—2015年,经过一期大部分建设,开始运营,获批国家4A级景区。景区基础设施基本构建完毕,游客中心一正一副,容量颇大,功能非常完整;停车场类型丰富,建设标准较高;引入两条标准很高的索道,建造了对接良好的观光车道(但未与人行道分离,且建设高度也值得探讨),旅游酒店、客栈各层次接待设施建造成型,旅游厕所达到国家最高标准,还拥有一所体现巴渝文化的五星级厕所。核心景点青天峡地缝、薄刀岭、天门洞、铜墙铁壁、獐子堡、图语广场悉数亮相。

(二)摇身之变,华丽绽放

1. 扎实创5A,武陵山大裂谷更加壮丽

武陵山大裂谷自2016年10月通过5A级旅游景区景观资源质量评审以来,涪陵区在重庆市旅发委的精心指导下,依托优质旅游资源和提档升级的积累,严格对照国家5A级旅游景区标准开展达标创建工作。2019年初,涪陵武陵山大裂谷硬件设施再提升工程已全面竣工,景区管理、服务等软件再提升工程也同步完成,通过持续严格的创建,涪陵武陵山大裂谷亮点增多,能够带给游客更美好、更舒适的感受。

2. 规划先行,景区品质全面提升

景区全面实施5A创建提升规划,到目前已投入建设开发资金24.22亿元,新建47公里景区外部交通、3座高品质特色酒店,建成8.9公里精品游览线路、1.53万平方米游客中心、5.2万平方米生态停车场和覆盖游线全程的旅游标识系统,新建、改建旅游厕所12座,新建跨度达184米的"天门洞"索桥、号称亚洲第一陡的"武陵泰斗"索道和长640米的塘垭口索道,景区内各类管线全部下地,危岩治理全面完成,沿途休憩设施、景观说明、植物介绍等全部配齐。提升后的武陵山大裂谷不仅更能彰显大自然赐予它的雄奇魅力,而且更能够让游客体会到5A创建所带来的舒适感、轻松感。

3. 科技支撑,管理能力全面升级

景区投资安装了先进的智能旅游管理系统,大数据收集、分析、管理与应用实现自动化,并与重庆市旅游信息中心、涪陵区交通管理中心等单位实现联网直通,网上预订、流量管控、安全监控、市场分析、服务跟踪等均实现动态管理。景区还成立了质检部,严格按5A级景区标准

加强内部服务管理,对景区各项管理规范的执行情况进行全程监督,严厉查处内部不规范服务行为。景区自我加压,主动实施国家 ISO 质量、环境和安全管理体系,现已通过认证。景区建立了完整的应急救助体系,认真开展常态化应急演练,景区游线设立了 22 处应急报警求助系统和 5 处医疗救助点,并与 110、119、120 实现联动机制,近几年景区未发生一起游客安全事故。

4. 人力资源优化,服务质量全面提升

景区与西南大学、重庆大学等高等院校合作,每年联办旅游专业素质提升培训班、旅游标准化培训班、导游培训班,还邀请 IPA 国际注册礼仪培训机构对景区各岗位进行服务礼仪专项培训,切实提升员工的服务技能。景区建立健全服务管理制度,一是严格执行部门负责制、服务巡查制、每日会商制、每周通报制、责任倒查制等系统性服务质量监管制度。二是推行"五个全员"(全员服务、全员导游、全员保洁、全员质检、全员安全)标准。三是增加全线服务间隔的力度与密度,给游客提供"贴心空乘式服务",实现"微笑服务""主动服务"和"靠前服务"。并自觉开展游客满意度测评,在景区显要位置公示服务承诺和旅游投诉电话,设置游客意见征询箱,通过每周收集或不定期地开展游客满意度测评,检验景区在服务管理、环境、设施、安全等方面存在的问题,并予以及时整改。景区积极推行亲情化服务,下雨天游客凭门票可在各节点免费领取雨衣,冬天提供免费的姜茶,炎热夏季可在沿途 5 个医疗救助点免费领取消夏避暑药品等。目前,景区标准化服务、人性化服务已做到全覆盖,受到广大游客的认可和赞美。

5. 文旅融合,唱响"枳巴文化"品牌

武陵山大裂谷景区地处乌江少数民族文化与长江汉民族文化的交融带,巴、楚古风遗韵与本土农耕文化在这里相互融合,孕育出武陵山独一无二的地域文化——"枳巴文化"。近年来,景区紧扣枳巴文化主核,实施"文旅品牌打造营销、文旅产业融合发展"战略。一是建设中全部融入"细节木构穿斗、撑拱窗花"等众多巴渝元素,用建筑充分展示枳巴文化特色。二是深入挖掘涪陵巴文化,成功举办武陵山巴文化旅游节,并倾力打造大型情境互动穿越体验演艺"英雄武陵·王者归来",在全国首次将远古鱼凫巴人西迁历史通过情境演绎的形式来诠释,充分彰显巴人尚武、尚舞、尚乐、尚礼的豪放之气,让游客在景区获得更丰富完美的体验。三是景区积极做大文旅产品,利用"中国榨菜之乡"的优势,做大做优旅游商品市场。四是结合"武陵山歌""焦石山歌"打造自己的涪陵山歌 IP。一系列的转型发展,不仅实现景区文旅融合创新,对厚重的巴文化进行有效传承,更是激发了枳巴文化活力,唱响了文旅品牌。

6. 全面营销,迈向国际化旅游快车道

通过几年来的努力,武陵山大裂谷已初步完成高品质旅游景区体系建设,形成了具有核心竞争力的市场产品,现已成为国内旅游市场上的热门景区。为了尽快提高武陵山大裂谷景区的知名度,景区坚持在央视、中国旅游报、新华网等主流媒体上进行宣传,积极参加文化和旅游部及重庆市举办的大型旅游节会活动,主动抓住 2016 年世界旅游城市联合会重庆旅游香山峰会、2017 美国纽约跨年推介、2018 中加旅游年等平台开展涪陵旅游专题推介,使涪陵旅游景区及城市形象迅速走向全国,顺利打开国际旅游市场,迈向国际化旅游快车道。2018 年年底游客接待量已超百万人次。

7. 高品质常态,美誉度不断提升

在创建过程中,通过持续投入,景区在每个细节尽量体现各自特色,体现文化,努力做到"景观更特色、服务更人性、游客更便捷",并不断推陈出新,使景区高品质常态化运营,游客的满意度和景区美誉度不断提高,得到了国内外游客和社会各界的一致好评。近年来,景区先后获评"全国景区带村旅游扶贫示范项目""全国十佳生态文明景区""一带一路·最具综合竞争

力旅游景区""2016中国最佳文化旅游景区""重庆市首批平安景区""2018重庆市旅游先进工作单位""重庆市首批智慧景区创建单位"等诸多荣誉称号,为景区旅游的可持续发展奠定了良好的基础。

8. 美化山水草木,筑牢生态屏障

景区在建设开发和运营中始终坚持"绿水青山就是金山银山"理念。在建设中,注重自然景观和生态景观的保护与展示,保护好一草一木、一山一梁;在经营中,不断传递爱护自然、呵护绿色的理念。涪陵位于长江与乌江交汇处,长江岸线74公里、乌江岸线37公里。武陵山大裂谷地处乌江下游东岸,为给武陵山大裂谷创5A提供优越条件,涪陵全区统一行动,一是对乌江沿岸进行岸线改造,全面整治沿岸护坡,彻底关闭小水泥厂和非煤矿山,标准化改造319国道旅游观光大道,修建2个大型观景平台,恢复了千里乌江门户的清秀原貌。二是在武陵山旅游区引入岩石矿坑花园这一国际主流花园形式,建成花园环道48公里,每年4月至10月,岩石绝壁上各种高山花卉竞相盛开,堪称重庆山地景区中最具特色的景观公路。

9. 旅游扶贫,综合带动效应显著

景区通过解决当地群众就业和发展乡村游,带动周边五个乡镇6万贫困群众脱贫,助力涪陵区成为重庆市首个扶贫攻坚——"脱贫摘帽"的区县。2016年被我国文化和旅游部确定为全国"景区带村"旅游扶贫示范项目。

景区位于武陵山脉的西北尾端,武陵山片区地处湖北、湖南、重庆、贵州四省市交界地区,是全国14个集中连片特困地区之一,更是全面建成小康社会最为艰巨的板块之一。景区自发现、开发和开放以来,不断释放着其巨大的综合拉动效应。景区所在地曾是无公路、无产业的贫困村,村民年收入不足万元,所在乡镇交通不便,以种植业为主;所在地的旅游业曾处于"散、小、弱"状态。现在随着武陵山大裂谷景区的建设开发,景区直接解决了600人的就业问题,并迅速拉动当地三产发展。当地人搭上了旅游发展的快车,"端起了旅游碗,吃上了旅游饭"。贫困村、贫困乡一跃成为全区的富裕村、富裕乡,整个武陵山变成了重庆主城周边最大的旅游度假区,交通便捷、基础良好、空气清新、鸟语花香,从涪陵城区长江、乌江交汇处至武陵山大裂谷形成了长达40公里的景观带,涪陵旅游业增长迅猛,游客接待量、旅游总收入、旅游投入均成倍增长,涪陵旅游已成为大重庆旅游产业重要的增长极,武陵山大裂谷景区成为重庆渝东南、渝东北大片区旅游环线上最重要的目的地景区,涪陵区也正在成为长江上游最重要的旅游目的地之一和重庆旅游的一张亮丽名片。

三、教学指导说明部分

(一)案例背景

武陵山大裂谷是重庆市涪陵区在旅游发展相对滞后的情况下,内调产业结构,外塑城市形象,呼吁"幸福生活、宜居涪陵"的情况下大手笔打造的一个高规格景区。同时,该景区处在武陵山区武陵山乡,是全国14个集中连片特困地区之一,景区发展肩负着扶贫的重任。该景区处于长江乌江交汇处,肩负着生态修复守护的责任。

景区建设在急迫的环境下进行,建设效率高。建设中的诸多经验值得学习借鉴。同时,建设管理中的一些问题也值得探讨。

(二)案例适用范围

适用于旅游管理专业的旅游景区管理、旅游目的地经营与管理、旅游规划与开发方向的硕士及本科生学习和研究。

（三）问题设置

（1）景区质量提升包括哪些方面的内容？
（2）从武陵山大裂谷景区的转变中，我们得到什么启示？
（3）关于景区的主题定位，我们有什么思考？
（4）为实现景区建设管理现代化、智慧化、标准化，可以采取哪些措施？
（5）如何兼顾景区建设的多重效益？

（于婷婷）

第二节　旅游景区管理案例分析

在我国，全域旅游发力，大众旅游消费旺盛，特别是各个黄金周和小长假，成千上万的旅游者涌向旅游景区，导致部分旅游景区拥堵不堪，出现周期性的饱和与超载现象，我国许多著名景区长期出现这种周期性饱和与超载现象，引起了业界学者和主管部门的关注。同时，在大数据时代，随着智慧旅游的兴起，改变了大众的出游方式，智慧景区也在不断地构建和发展中。本案例以《秦始皇帝陵博物院线上售票及限流公告》为例进行分析展示，以供学科和课堂讨论。

案例介绍：秦始皇帝陵博物院线上售票及限流公告。

一、景区基本情况

秦始皇帝陵博物院是以秦始皇陵及其背景环境为主体的公共文化空间，具有很高的历史价值、科学价值和艺术价值。秦始皇陵区已发现各类陪葬坑、陪葬墓等600余处。秦兵马俑坑被誉为"世界第八大奇迹""二十世纪考古史上的伟大发现之一"。它是国务院公布的第一批全国重点文物保护单位。1987年，联合国教科文组织将秦始皇帝陵（含兵马俑坑）列入《世界遗产名录》。2007年，其获评首批国家5A级旅游景区；2008年获评首批国家一级博物馆。在秦兵马俑陪葬坑遗址上建立的秦始皇兵马俑博物馆1979年正式开放，主要参观点包括秦兵马俑一、二、三号坑，铜车马陈列厅及相关临时展览。

二、景区容量及服务管理措施

秦始皇帝陵博物院于2019年4月15日发布了线上售票及限流公告，自5月1日起，将根据接待情况适时启动限流措施，建议观众提前在网上预购门票，错峰出行参观。具体举措如下。

（一）景区流量控制

秦始皇兵马俑作为中华文明的精神标识，是传承和弘扬优秀中华文化的最佳名片。为了建设好世界一流博物馆、国际一流旅游目的地，提升旅游者参观质量，保护文物和文化遗产安全，根据《中华人民共和国文物保护法》《中华人民共和国旅游法》等相关规定，核算秦始皇帝陵博物院每天游客不超过65000人次，瞬时最大承载量（在院人数）不超过13700人次。

（二）购票、验票服务

1. 购票

游客购买景区门票的方式很多，可以通过电脑和手机登录秦始皇帝陵博物院官方网站预购门票;可以通过关注官方微信公众号"秦始皇帝陵博物院"或"秦始皇帝陵博物院票务"预购门票;可以通过秦始皇帝陵博物院授权的携程、驴妈妈、美团、骏途等OTA网站预购门票;也可以通过现场自助售票机,凭二代身份证购买当日门票;外宾及港、澳、台观众通过现场人工售票窗口,凭本人护照、港澳居民来往内地通行证、台湾居民来往大陆通行证等有效证件购买当天门票;旅行社可登录博物院票务管理系统签约旅行社预购票专用通道,按照要求输入相关信息预购博物院门票。

2. 验票

景区验票方式方便快捷。一是通过线上成功购票的游客及享受半价优惠的学生,不用换取纸质门票,直接在检票口刷本人二代身份证就可以入院参观(享受半价优惠的学生检票时还须提供本人有效学生证件)。二是通过现场人工售票窗口或自助售票机成功购票的游客,凭门票和本人护照、港澳居民来往内地通行证、台湾居民来往大陆通行证等有效证件检票入院参观。三是65岁及以上老人、由家长携带的16岁及以下未成年人、现役军人(军队离退休人员)、残疾人等享受国家政策性免费观众,按照现场公告的相关规定,通过专用检票通道,出示本人相关有效证件后直接入院参观,无需换票。

(三) 服务管理

秦始皇帝陵博物院以系统管理制度为基础,提供细微化的景区服务。当日接待量达到最大承载量时,秦陵博物院票务管理系统会自动停止线上预售及线下人工和自助机售票。未能购到当日门票的观众,可免费参观秦始皇陵遗址公园(丽山园)。游客出行前还可以关注秦始皇帝陵博物院官方微信,通过"专享服务"栏目看"实时客流",可以实现错峰游览。

(资料来源:秦始皇帝陵博物院官方网站)

三、教学指导说明

(一) 教学目的与用途

(1) 案例使用课程。本案例适用于《旅游学概论》《旅游目的地经营与管理》《旅游景区管理》等理论教学及实训课程,用于让学生理解旅游容量、旅游接待服务等理论知识。

(2) 案例教学目标。通过案例分析,让学生理解饱和、超载与旅游污染基本内容;掌握旅游景区容量管理的应用,并能将其运用在实际规划和管理中;掌握景区订票、售票和验票流程。

(二) 启发思考题

(1) 旅游饱和与超载对环境和设施的消极影响有哪些?针对我国旅游景区在"黄金周"或者"小长假"期间出现的超载与饱和现象,提出解决办法。

(2) 思考旅游容量、资源保护和经济效益之间的关系。

(3) 景区门票预订的渠道重点可以向何种方式发展?如何创新售票、验票流程?

(三) 背景信息

(1) 旅游景区最大承载量。根据《中华人民共和国旅游法》关于旅游景区应当公布最大承载量的规定,我国文化和旅游部制定了《景区最大承载量核定导则》旅游行业标准,指导全国旅游景区开展最大承载量核定工作。经景区主管部门核定,全国所有5A级旅游景区已完成最大承载量测算核定工作。公布5A级旅游景区最大承载量,是为了加强景区旅游容量监管,避免景区因旅游容量超载带来旅游安全隐患、旅游服务质量得不到保障以及资源环境的破坏,为广大旅游者提供安全、舒适的旅游环境,促进旅游景区可持续发展。

(2) 智慧票务系统。智慧票务系统可以实现景区游客量的实时监控与统计分析,以保证景区内游客数量在满足景区环境容量的限制条件下向最大化发展,同时保证景区旅游资源和环境得到保护。

(四)关键要点

(1)如何掌握基于智慧旅游的景区智慧订票、售票和验票的服务方法。运用旅游管理专业知识进行案例研究,掌握订票、售票和验票服务流程,培养相关专业技能。

(2)正确理解旅游容量的实用价值。其实用价值集中体现在两个方面:一是在旅游景区的规划和管理中作为强有力工具,以保护旅游景区的环境免遭退化或破坏;二是旅游容量作为一种管理工具而使用,在客观上保证了旅游者在旅游景区的体验质量。

四、建议课堂计划

(1)授课形式:以小组讨论交流式教学。

(2)授课时长:2个课时,让学生能够结合实际,理解解决旅游景区超载问题的主要方法;树立智慧景区售票管理观念,掌握景区门票未来发展趋势,真正认识到景区票务服务中的关键要素。

(3)课后作业:建议学生收集相关案例进行对比分析。同时,模拟景区,设计景区门票。

(冉毅)

第三节 民族文化旅游案例分析

民族文化是在悠久、漫长的历史长河中形成的,人们在创造和传承它的过程中,蕴藏着人们追求美好生活的情感以及与自然相处表现出的无限强大的生命力。各民族的民族服饰、民族歌舞、饮食习俗等,都体现出当地民族文化精神,使游客在游览中经历审美体验,领略到不同文化的熏陶。本案例以《美人之美,美美与共——在求同存异中生存与发展》为例进行分析展示,以供学科和课堂讨论。

一、案例介绍:美人之美,美美与共——在求同存异中生存与发展

2019年5月15日在北京举行的亚洲文明对话大会,是由习近平主席在博鳌亚洲论坛2015年年会上发表主旨演讲时倡议的。大会以亚洲文明交流互鉴与命运共同体为主题,举办开幕式、平行分论坛、亚洲文化嘉年华、亚洲文明周四大板块共110余场文明交流活动,旨在传承弘扬亚洲和世界各国璀璨辉煌的文明成果,搭建文明互学互鉴、共同发展的平台,增强亚洲文化自信,促进亚洲协作互信,凝聚亚洲发展共识,激发亚洲创新活力,为亚洲命运共同体和人类命运共同体建设提供精神支撑。习近平主席在大会开幕式上作了主旨演讲,在演讲中主席提到坚持美人之美,美美与共。其间的各种主题活动一直贯穿这个思想,比如,当晚的亚洲文化嘉年华以"青春嘉年华,共圆亚洲梦"为主题,汇集亚洲各国优秀艺术家和青年代表,呈现一台具有亚洲地域风情、民族文化特色的精品节目。其中,中国表演的节目武术《墨之韵》,再一次吟诵了"各美其美,美人之美,美美与共,天下大同",突出了大会的主题思想;作为亚洲文明对话大会的配套活动,在5月15日至22日举行的成都熊猫亚洲美食节,以"食美寻香,各美其美,美美与共"为主题,吸引了20个国家和地区的星级大厨切磋厨艺,邀请全球食客品鉴盛宴,更通过主旨演讲、圆桌会议等形式进行思想碰撞,促进亚洲文明的交流互鉴。

那么,"各美其美,美人之美,美美与共,天下大同"说明了什么?

1990年12月,在就"人的研究在中国——个人的经历"主题进行演讲时,著名社会学家费孝通先生总结出了"各美其美,美人之美,美美与共,天下大同"这一处理不同文化关系的十六字"箴言"。"各美其美"说明就是要尊重文化的多样性,首先要尊重自己本民族的文化,培育好、发展好本民族文化。各民族文化都有自己的精粹,在一个民族的历史与现实中,民族文化起着维系社会生活、维持社会稳定的重要作用,是本民族生存与发展的精神根基。"美人之美"说明就是要尊重其他民族文化,承认世界文化的多样性、尊重世界各个民族的文化,遵循各国各民族文化一律平等的原则。在文化交流中,要尊重差异,理解个性,和睦相处,共同促进世界文化的繁荣。"美美与共,天下大同",说明尊重文化多样性是实现世界文化繁荣的必然要求。各民族文化都以其鲜明的民族特色丰富了世界文化,共同推动了人类文明的发展和繁荣。只有保持世界文化的多样性,世界才更加丰富多彩,充满生机和活力。

(资料来源:亚洲文明对话大会官网相关资料整理)

二、教学指导说明

(一)教学目的与用途

(1)案例使用课程。本案例适用于《旅游文化学》《旅游美学》理论教学,用于让学生理解民族文化、世界文化、民俗文化等理论知识。

(2)案例教学目标。通过案例分析,让学生理解民族文化与世界文化,能够分析各民族民俗在旅游中的作用、民俗文化旅游的意义,并能掌握如何正确利用、开发各民族民俗文化旅游资源。

(二)启发思考题

(1)如何理解鲁迅先生的"只有民族的,才是世界的"这句话?

(2)随着社会经济的发展和后现代社会文化的影响,越来越多的游客参与到文化旅游中,针对不同类型的大众游客,你认为该如何满足他们的文化需求?

(三)背景信息

(1)民族文化与世界文化的关系。民族文化是各民族在其历史发展过程中创造和发展起来的具有本民族特点的文化,包括物质文化(饮食、衣着、住宅、生产工具)和精神文化(语言、文字、文学、科学、艺术、哲学、宗教、风俗、节日和传统)。一个民族创造的文化是对整个人类文化的贡献,也是整个人类的遗产。世界由各个民族组成,所有民族文化汇集在一起,组成了世界文化,各民族文化形态的存在,是维护世界文化生态的基础。有个性、有特色的东西才有持久的生命力,各个国家和民族只有保持自己的文化传统和文化特性,这样世界文化才是多姿多彩的。

(2)民俗文化旅游。民俗文化是传承文化,也是变异文化,它是认识和理解民族传统文化的基础,更是关注现实人生、变迁滞后文化的核心所在。民俗文化的地域性、民族性、类型性、传承性和变异性使民俗文化景观成为重要的旅游资源。近距离地观赏和亲身体验异地异域的风土人情、民风民俗日趋成为文化旅游活动的主要内容和目的。民俗具有极强的观赏性和参与性,民俗文化是旅游文化中的一个精品;理解民俗文化旅游既是异地跨文化旅游欣赏活动,也是双向的审美活动,更是异域环境下的跨文化交流。

(四)关键要点

(1)本案例作为学习民俗文化的导入案例,让学生运用旅游文化学、旅游美学相关知识进行案例研究,理解民俗文化在旅游中的重要作用及开发意义,引导学生进一步学习中国民俗文化,掌握中国建筑文化、艺术文化、宗教文化、饮食文化等知识,提升学生旅游文化素养。

(2) 如何掌握基于文化的角度去理解旅游内容,阐释旅游活动,指导旅游行为。

(五) 建议课堂计划

(1) 授课形式:以小组讨论交流式教学。

(2) 授课时长:2个课时,让学生能够结合实际,辩证地看待民族文化与世界文化;理解民俗是如何塑造民众的;探讨在我国边远的少数民族地区如何传承和发展本民族文化。

(3) 课后作业:建议学生收集各民族文化案例,进行比较分析。

(冉毅)

第四节　乡村旅游经营困境案例分析

发展乡村旅游,符合都市近郊休闲度假的市场需求,具有更大的开发价值和长远的发展前景。但乡村旅游投资、经营中存在的诸多问题,让很多乡村旅游项目存活率很低,对乡村旅游发展造成较大的影响。如何提升乡村旅游项目的存活率,改善乡村旅游投资环境和投资预期是需要考虑的重要问题。本案例主要探讨这几个方面的问题。

一、案例介绍

重庆大马农业旅游发展有限公司成立于2016年8月,注册资本2000万元,位于涪陵区李渡街道办事处山仑村一社,这里是重庆市特色农业产业带以及涪陵区特色效益农业经济带核心区。茶山首期占地面积1000亩,此处海拔约700米,东西长度约3000米。主要以油茶树的种植、养护,以及茶果的收购、茶籽油的加工等业务为主。是涪陵区的油茶示范基地和科普教育基地。在涪陵区文化委、林业局和街道办的协办下,成功举办了2017年11月的涪陵首届茶花文化节。

公司现已在山上种植成活油茶树约11万株,树龄最长的将近5年,最短的将近3年。目前约有一万株油茶树已少量挂果,2017年产茶果10万公斤。到2024年左右,估计茶果年产量能达到300万公斤,收入超过1200万元。基地距离涪陵新城区约15公里,距离涪陵主城区约35公里,距离长寿区长寿湖景区约10公里,是涪陵区政府和李渡街道办事处打造新区后花园休闲旅游带的主战场。茶山现已挖好机耕道路约7公里,未硬化。已建好生产作业便道约6公里。山上尚无自来水池,目前浇灌和饮用仍旧困难,当地政府正在着力解决,生产用房也还没有。公司计划投入资金5000万元,力争通过3—5年的时间,将茶山的接待中心、餐饮、住宿、办公、科普宣传、茶果储存及粗加工,以及茶山的道路、水源等基础设施全部完善。同时把公司开发的附属林间旅游项目茶马古道、山地越野车等游客参与项目全部投入使用,待茶山建设全部完成后,预计年产值达到3000万元,常年带动周边村民就业超过200人。成为涪陵区域内唯一一个集种植、加工、科普、观光、休闲为一体的综合农业林业示范基地。

二、经营中存在的主要问题

(1) 基地饮用水源困难,饮用水不足,灌溉用水全靠资料水成本高。2018年在水利局的直接支持下给茶山提供了3口小水池,但是茶山面积大,分布在基地东侧,基地西侧没有水源地。

钻井灌溉山地取水十分艰难,特别是施肥、除草时取水用水困难,距离远,运水成本和人力成本高。

(2) 道路狭窄,交通不便,茶果外运成本加倍。基地所处位置为黄草山山系,所有的外来交通只能靠李渡街道 004 乡道,该道路路面狭窄,蜿蜒盘旋 30 吨以上的大货车根本无法到达基地,所以油茶果采摘下来只能用 10 吨货车运到李渡龙桥小工业基地再进行转运大货车集中外运,这样一来人力和运输成本翻倍,2024 年基地油茶果将进入生产期,对外运输的困难直接影响收益,道路畅通问题必须解决,这样才能减少没有必要的成本支出。

(3) 种植规模扩大,流转土地成本变高,无法实现连片效应集中打造。基地准备就近扩大种植规模 500—1000 亩,在与辖区街道和村社的实际对接过程中发现有的地方与现在的基地相距太远,无法形成连片效应,同时土地流转的成本比原有基地流转成本成倍增加,也面临实际的问题。

(4) 整个涪陵区油茶树普及种植几万亩,但是涪陵区目前没有一条油茶果炼油设备,所有农户的果子只有外运也只能低价格处理,没有深加工就没有自主的品牌,也就没有延伸的开发,油茶果的使用价值在本地方得不到充分的普及和体现。

(5) 本基地的发展方向是走农旅路线,吸引周边区县老百姓就近休闲度假。目前基地农用设施配套用地已批复可使用地为 0.4626 公顷(7 亩地),但是要做乡村振兴农旅项目,这点可使用地是远远不够的,而且土地使用也有明确的规定,这样一来无法实现乡村民俗分片规模化打造,只能集中建设建筑体内部,基地茶林地不能进行任何的破坏。对于后期旅游项目的设置具有严格的考验。

(6) 油茶种植人力成本太高,无法实现机械化作业,目前基地生产便道总计 30 公里,产业便道不能全覆盖整个基地,且道路宽度也不够影响生产的效率,急需上级机关下拨建设项目资金,完善基地基础设施。油茶树的种植从 2012 年由重庆市林业局发起并推广,本地确实没有真正的油茶树种植方面的专家,所有的病虫害防治经验都源自江西、湖南等重点种植区,没有真正地实现因地制宜,处于经验摸索期。本基地力争成为重庆市油茶树科普基地,在后期发展中会更加注重油茶树幼苗的栽培以及油茶树病虫害防治的问题,并与高等院校合作,创建实践基地,总结经验并分享给区域内的种植户们一起把油茶树种植事业做大做强。

三、教学指导说明部分

(一)教学目的与用途

(1) 案例使用课程。本案例适用于《旅游资源规划与开发》《旅游景区经营管理》理论教学及实训课程,用于让学生对乡村旅游景区开发问题进行实际分析。

(2) 案例教学目标。让学生通过案例,直观感受乡村旅游投资开发中存在的诸多问题,明白乡村旅游投资经济条件、区位选择、项目内容,以及经营管理规划思路等问题。

(二)启发思考题

(1) 乡村旅游项目投资需要注意哪些问题?
(2) 规划在中小型乡村旅游项目运行管理中的作用。

(三)背景信息

(1) 规划与经营的关系。旅游项目投资开发是专业性很强的活动,离开整体性规划,开发很容易形成东一榔头,西一棒槌的趋势,造成后期经营管理因定位不准,方向不明而形成的诸多经营困难,试分析案例中存在的经营管理困难和规划缺失的关系。

(2) 旅游与乡村产业融合。农业项目转化为旅游项目,需要丰富的产品线支撑,需要有情感体验支撑,不是农业项目加上旅游项目,就是农业旅游项目,就能够吸引游客到来,并愿意支付费用进行具有情感投入的旅游体验活动。分析本项目中吸引游客支付费用,进行旅游体验的产品,并补足丰富产品线。

(四) 关键要点

(1) 从战略定位、区位和资源等方面分析影响乡村旅游项目投资的具体因素。
(2) 结合本案例分析乡村旅游产品线情感体验存在的问题。

(五) 建议课堂计划

(1) 授课形式:建议小组讨论式教学。
(2) 授课市场:2个课时,让学生真正认识到乡村旅游规划、经营管理中存在的问题。
(3) 课后作业:建议学生撰写研讨报告,并提出针对性意见和建议。

(向从武)

第三章

旅游营销案例分析

本章节选取酒店品牌建设、"网红重庆"旅游营销、移动短视频对景区的影响等不同类型营销案例进行分析,以探索分析旅游企业营销的方式和路径,以及现实操作中存在的困难。

第一节 酒店品牌建设案例分析

在经历了产品竞争、价格竞争、广告竞争、服务竞争之后,当前世界市场跨入了品牌竞争的时代。美国广告专家莱瑞·赖特(Larry Light)曾说:"未来的行销是品牌的战争——品牌互争长短的竞争,拥有市场比拥有工厂更重要。拥有市场的唯一方法,就是拥有占市场主导地位的品牌。"著名的管理大师彼德·德鲁克也曾表示:"21世纪的组织只有依靠品牌竞争,因为除此之外他们一无所有。"品牌建设日益受到关注和重视,它是企业的一种无形资产、重要的知识产权和社会影响力,既能提升企业的价值,又具有增值效应。同理,对于酒店企业来说,良好的品牌有助于树立酒店良好形象、扩大企业的影响和提升产品的市场竞争力,从而提高酒店的经济效益和社会效益。

本案例以重庆金科金辰酒店管理集团为研究对象,介绍其品牌建设与管理的概况,为师生提供了真实而生动的教学及科研素材。

案例名称:金科金辰酒店管理有限公司品牌知识。

一、金科集团及企业文化介绍

1. 集团公司概况

金科集团(重庆)成立于1998年5月,是一家以房地产开发为主业,以酒店、现代农业、基建、物业管理等为辅业的大型企业集团,具有国家一级房地产开发资质,经过多年持续、稳健发展,金科集团已进入中国房地产企业第一阵营。2009年至2012年,金科股份连续四年被国务院发展研究中心等权威机构评选为"中国地产品牌10强",连续五届荣登"中国蓝筹地产企业",2012年,排名中国房地产行业综合实力第16位,运营效率、社会责任感均列第三。排名"中国房地产500强"前20强,并获"2011中国房地产开发企业发展潜力十强"。被国家工商行政总局授予地产界仅有的10余家"中国驰名商标"。此外,金科被评定为"影响世界的中国力量品牌500强""中国慈善突出贡献企业""中国房地产稳健性企业全国第三"等世界和国家级至高荣誉。目前金科集团已成为全国多个城市的诚信纳税大户,被国家、地方政府及多家权威金融单位评为"重合同、守信用企业""AAA诚信开发企业"。

随着跨越式大发展战略的提出,金科集团进一步加速了全国化布局的进程,目前已经进入京津冀经济圈、长三角经济圈、珠三角经济圈和长江经济带的52个城市,已形成了以"新地产＋新服务"为龙头,产业综合运营、社区综合服务、酒店园林、门窗装饰等协调发展的多元化产业结构和业务格局,建立了良好的产业基础和市场优势,具备了强大的综合竞争力。截至2018年,公司总资产达1200亿元,品牌价值121.46亿元,拥有员工超过1万人,业主近120万人,金科土地储备可建面积超过1900万平方米。

2. 企业文化概况

金科集团在近20年的发展中所遵循的原有企业文化是"家文化",倡导以人为本、创新和细节,意图为员工营造家的温馨感和安全感。但面对日趋激烈的行业竞争,集团公司提出了在2020年实现总资产2000亿的宏伟战略目标。为了匹配发展的战略需要,公司对企业文化进行了再造升级,在"家文化"的基础上注入了"狼性"基因,从"家文化"转变为"狼文化"。"狼文化"象征着"敏锐执着、拼搏进取",强调奋斗和快人一步。

二、金科金辰酒店管理有限公司概况

金科金辰酒店管理有限公司成立于2016年5月,隶属于金科集团公司(深交所股份代码:000656)。酒店管理公司分为酒店建设管理与酒店经营管理两大板块,是酒店委托管理、顾问管理、服务咨询、开业筹备管理、专业培训的专门机构。目前,金科金辰酒店管理有限公司负责建设和经营管理的金科股份全额投资五星级酒店4家,分别位于重庆、涪陵、开县、苏州;开业运营城市精品中端酒店2家,位于无锡、成都;筹备6家,分别位于成都、苏州、重庆、长沙、西安、德宏。金科酒店管理公司拥有10多年成功的高星级酒店建设、筹备开业和运营管理经验,取得了令人瞩目的经营业绩,打造出国内资产管理专家形象,形成了深受国内、国际同业尊重和赞誉的管理风格与"金科酒店"品牌。

三、金科金辰酒店管理有限公司旗下品牌

公司旗下现有六个酒店品牌,分别是铂嘉(Bokia)、金科大酒店(Jinke Grand Hotel)、圣嘉(Super Yard)、邑廷(Eteem)、金科千回里、熙渡(Shine Too);还有七个延伸品牌,分别是四个餐饮类品牌粤珍轩(Cantonese Restaurant)、土火锅(Too Hot Pot)、阅·尚咖啡(Resun Coffee)、尚九龙(S-Kow Loon),三个服务类品牌金辰会(JHK)、惠住客(Ifree)、金科良品(JK-Good)。截至2018年4月,金科管理的酒店总数达23家,其中自持经营酒店6家,自持筹备酒店3家,外接轻资产委托管理酒店14家。

(一)六大酒店品牌

金科金辰旗下酒店品牌档次及适用范围如表3-1所示。

表 3-1　旗下酒店品牌档次及适用范围表

档次	品牌名称	适用范围
高端	铂嘉(Bokia)	城市商务、度假村
	金科大酒店(Jinke Grand Hotel)	城市商务、度假村
中高端	圣嘉(Super Yard)	标准化的城市商务、度假村
	邑廷(Eteem)	非标准化的城市商务、度假村、公寓
精品	金科千回里	位于知名旅游目的地的精品度假酒店、客栈或民宿，非标准化产品
	熙渡(Shine Too)	养老、养生地产配套，非标准化产品

1. 铂嘉(Bokia)

金科酒店集团旗下的超五星级酒店品牌，品牌宣言是尊贵如你，铂金筑佳。该品牌的酒店体量规模在45000平方米以上，对标的酒店品牌是喜来登、万豪和洲际，意在打造独具匠心的高端产品。截至2018年4月，铂嘉品牌已有重庆照母山酒店项目、江西萍乡金科铂嘉大酒店项目在建。

2. 金科大酒店(Jinke Grand Hotel)

金科酒店集团旗下的标准五星级酒店品牌，品牌宣言是登顶礼遇，尽属高贵。该品牌对标皇冠假日酒店、希尔顿酒店，意在表现热情与婉约的碰撞、传统与现代的结合，即创造意境美学，也满足奢想体验的需求。金科大酒店提供金牌管家细致入微的服务和粤港名厨精心烹制的佳肴，努力打造完美的星级产品。

该品牌将目标市场定位于追求高品质生活、消费观念时尚前卫、消费实力雄厚的商务差旅、家庭出游等客户群。品牌的特点是：一流的商务、政务接待；高标准的客房服务及特色餐饮；提供全面服务，创造尊贵体验。目前该品牌已有苏州金科大酒店、重庆金科大酒店、涪陵金科大酒店、开州金科大酒店、开县金科大酒店。

3. 圣嘉(Super Yard)

金科酒店集团旗下的中档商务酒店品牌，品牌宣言是随心随安，似家胜家。该品牌对标希尔顿欢朋酒店，意在为宾客提供无微不至、热情得体的关怀，营造有温度的社交和情怀，让宾客感受到家的温度。

该品牌将目标市场定位于中端商务、旅游和家庭市场，主要迎合"80后""90后"人群的消费需要，同时辐射"70后"人群。酒店一般地处繁华商圈或成熟高新园区，地理位置优越，交通便利。圣嘉酒店按照四星级标准打造，提供有限服务，日租或中长期租住均可，并采取直营和加盟两种经营模式。该品牌的设计风格以新东方智慧为核心，拥有匠心独具的各类主体客房和地道的港式茶餐厅。目前，圣嘉品牌已进驻成都市成华区金科中心，成为金科大酒店进军成都的载体，该酒店采用率先使用产权与经营分离的商业模式，投资者持有产权、以租养供，吸引众多投资的关注。

4. 邑廷(Eteem)

金科酒店集团旗下的新时尚轻奢酒店品牌，品牌宣言是宜商宜旅，时尚居庭。相较于前几个高端品牌,邑廷品牌对区域位置和物业没有特定要求,酒店规模大小不限,且设计风格多样,并可根据不同物业进行呈现。有精致雅趣的江南园林式的精巧,有青砖黛瓦的民趣纯朴,室内舒适豪华,室外秀色可餐。

该品牌将目标市场定位于中端商旅和度假型客人,按三到四星标准打造,提供有限服务,适用于租赁、翻牌物业及酒店,并采用直营、加盟、翻牌经营等多种模式,目前拥有社会精英首选的邑廷大酒店、自然匠心的邑廷度假酒店、便捷舒适的邑廷瑞晶酒店、共享社交的邑廷公寓四个子品牌。目前,邑廷大酒店系列已与四川泸州航空酒店等项目签约,首个邑廷公寓项目计划落地北京。

5. 金科千回里、熙渡(Shine Too)

金科酒店集团旗下的精品酒店,品牌宣言是生活由心致美。这两个品牌对标素有"民宿第一品牌"之称的花间堂,意在打造精品民宿、客栈和养老胜地。

(二) 七大延伸品牌

1. 餐饮类品牌

(1) 粤珍轩(Cantonese Restaurant)。

粤珍轩源自金科大酒店五星级餐饮标准,荟萃了港澳厨师团队,又融合地方创新菜品,自成一派。

(2) 土火锅(Too Hot Pot)。

金科土火锅面向大众,主要针对中高端消费人群,倡导传承古法、自然纯粹,坚持最苛刻的食材挑选标准和最精细的汤底熬制工艺。

(3) 阅·尚咖啡(Resun Coffee)。

阅·尚咖啡是公司旗下的独立咖啡品牌,创立于2005年,秉承"让社交变得有趣"的设计理念,打造既有商务气氛又充满年轻的自由与时尚的轻社交空间。品牌倡导阅享人生,给疲惫的心注满活力的阳光,享受自在生活,感受生命本味。

(4) 尚九龙(S-Kow Loon)。

尚九龙是金科酒店的特色餐厅,秉承金科大酒店"以味为本"的经营理念,兼具粤菜外加金科重庆的川菜特色。餐厅汇聚了五星级餐饮团队,沿袭高标准服务水平,适用于大众餐饮消费市场,既可配套于金科旗下中高端酒店,又可独立于商业综合体运营。品牌设计风格轻快、时尚,传递大众快消费类餐饮新理念。餐厅能够发挥公共空间优势,强调场所本身与社交功能的完美匹配。

2. 服务类品牌

(1) 金辰会(JHK)。

金辰会是金科酒店管理公司旗下自建开发的酒店,该品牌以酒店产品为介质,整合酒店资源,利用散点分布的多物业类型、物超所值的定价体系,颠覆传统的智能预定系统,实现品牌的价值再造。借助互联网及移动端平台的融合,以海量活跃会员为基石,嫁接网络购物、智能社交、互联网金融等内容,打造一个全覆盖的互动平台。目前有1000万注册会员,人群覆盖京津冀圈、长三角、成渝经济圈和长江经济带沿线的20个省,为项目酒店提供了优质会员客户。

金辰会会员级别(由高到低)分为六个等级:金辰会金钻石卡、金辰会钻石卡、金辰会铂金卡、金辰会金卡、金辰会银卡、金辰会普通卡。持会员卡入住可享受优先办理入住手续、入住免押金、免查房等多项优先权。会员享受积分累积和兑换,相应积分可直接在金辰会App商城兑换礼品、代金券、抵扣券、免费房间等,所兑换的电子券均可转送或赠予他人使用。会员在尚

九龙茶餐厅消费除享有积分权益外还可享有免费打包、会员价菜品、指定饮料畅饮等特权。

(2) 惠住客(Ifree)。

惠住客服务提升计划是金辰会会员体系推出的重磅项目,主要针对酒店住店客人、长租客,为住客提供一系列自助式服务,包括免费设施、免费借用、免费索取、特色项目、会员专享等,以此提升住客服务感受、提升入住率及传播金科酒店品牌。其中惠住客标准服务项目有40项,金科酒店管理集团旗下所有酒店按标准都必须实施,惠住客特色服务项目不少于5项,金科旗下酒店根据经营需要自行设计。这些项目每一项都触及宾客的真心需求,颠覆一般人对于酒店增值服务的正常遐想。

(3) 金科良品(JK-Good)。

金科良品意在为宾客提供地方特产、纪念品、佳节良品,匠心独运,以良为品,时尚精致,彰显品位。

四、成功的经营管理策略

1. 营造全新的企业文化

水能载舟亦能覆舟,好的企业文化能够支撑企业健康平稳发展,就如大海承载巨轮一样,隐性的文化支撑显性的公司制度、流程、体系,保障企业战略实现。经过多年的沉淀、发展、升华,金科集团形成了以核心文化为内核,经营文化、人才文化、行为文化为支撑的企业文化体系。公司的核心企业文化以"美好你的生活"为使命,"百年金科,中国榜样"为愿景,"敏锐执着,拼搏竞取"为精神,"快人一步,做好细节"为作风,"客户满意、股东满意、员工满意、社会满意"为核心价值观。为了支撑未来跨越式发展的目标,金科营造了"狼文化"为基因的企业文化体系。"狼文化"象征着"敏锐执着、拼搏进取",强调奋斗和快人一步。为此,金科集团强化核心区域和城市布局,竭尽全力整合资源,强势突破企业发展瓶颈。优化完善全价值链经营管理机制,选用具有"国际化视野、跨界创新思维、责任担当意识"的领军人才担任公司领头人,能岗匹配,搭建团队,发挥头狼效应,提升整体运营能力。金科还坚持对内对外合作共赢,充分发挥团队优势,不断提升组织效能。

2. 多元化品牌运作方式

2018年4月,金科酒店管理集团正式签约了江西萍乡金科铂嘉大酒店、贵州金科邑廷金海雪山水疗度假酒店、重庆师范大学地理与旅游学院,这是金科铂嘉首次入驻江西,也是金科邑廷再次进驻贵州。本次的三方签约,也正式吹响了金科酒店管理集团2018年多品牌、多地区发展,强化人才引入培养战略的号角。

十几年的发展开拓中,金科酒店管理集团取得了令人瞩目的经营业绩,也拥有了多年沉淀下的成功管理经验,形成了深受国内外同业尊重和赞誉的管理风格与"金科酒店"品牌,所管理酒店获得国内最高荣誉——"中国饭店金星奖"等称号,并凭借先进的服务体系和打造全方位旅游服务商的经营理念,赢得了业界与众多业主的关注与好评。未来几年,金科酒店管理集团将持续维护高星级"金科大酒店""铂嘉"品牌的成就与荣耀,运用"圣嘉""邑廷"等酒店品牌,强势覆盖中高端市场,形成消费群体中坚力量,继续加强公寓、野奢酒店等领域的运营及管理。通过时尚递延品牌"尚九龙港式茶餐厅""金科土火锅""阅·尚咖啡""金科良品"等全面渗透会员生活,以服务品牌"惠住客"实现超值尊享体验,以会员品牌"金辰会"打通线上线下消费新模式,形成完整生态闭环,实现全线旅游产品的提供、旅游资讯的提供、大众社交平台的搭建,创造无限品牌价值。

3. 多种经营管理模式并举

金科金辰酒店管理有限公司拥有酒店建设管理与酒店经营管理两大板块,是酒店委托管理、顾问管理、服务咨询、开业筹备管理、专业培训的专门机构。截至 2019 年 7 月,金科酒店管理公司负责建设和经营管理的金科股份全额投资五星级酒店 4 家,分别位于重庆、涪陵、开县、苏州,开业运营圣嘉精品中端酒店 2 家,位于无锡、成都,筹备 6 家,分别位于成都、重庆、苏州、长沙、西安、德宏。这些酒店均以不同的模式在进行管理,且均取得了不错的市场反响。

4. 持续品牌扩张步伐

自 2017 年正式开启对外扩张的步伐以来,金科金辰酒店管理有限公司负责建设和经营管理的酒店就已遍布全国。2018 年 4 月,金科酒店管理集团首次入驻江西及再次进驻贵州;2018 年酒店公司与多家地产企业达成合作协议对其名下商业地产项目中的酒店项目进行全权委托管理经营;2019 年 1 月 9 日,金科酒店管理集团与湖南荣融房地产开发有限公司正式签署合作协议,这是金科酒店首次进入湖南张家界,标志着金科酒店品牌在长江旅游带形成了多城市连线。通过持续的品牌扩张,将金科酒店管理集团逐渐打造成为全方位的旅游服务商,社会声誉日渐提高。

5. 强化人才是第一资源的理念

公司秉承"人才是金科第一资源"的人才观,凡是能为金科发展做出贡献的员工,都是金科宝贵的资源与财富。在人力资源管理过程中,公司精心选才,由关注经验到关注素质能力;全心用才,由规则导向到目标导向;专心育才,由标准培训到定制化培养;真心留才,由利润分享到事业共享。公司搭建人才地图,构建岗位胜任力素质模型,用平台和高薪吸引年轻潜力人才,用职位和事业定向引进成熟人才,用荣誉和环境吸引年长资深人才,发挥"鲶鱼效应",用人才吸引人才。尊重知识、尊重人才,重学历而不唯学历,通过"赛马和相马相结合"的竞争原则发现人才,促进人才的良性流动。这些人力资源管理举措都为酒店储备了大量优秀的人才,也是近年来酒店发展呈现良好势头的最主要原因之一。

五、教学指导说明

(一)教学目的与用途

(1)案例适用课程。本案例适用于《酒店管理》《酒店品牌与形象管理》《酒店品牌管理与形象策划实训》等理论教学及实训课程。

(2)案例教学目标。通过案例分析,使学生掌握酒店品牌与形象管理的基本理论,培养学生对酒店品牌建设与管理中各种问题的认知和处理能力,通过对酒店企业的品牌或者自创酒店品牌的相关操作,能够具备酒店品牌定位、品牌个性打造、品牌传播、品牌扩张、品牌运营等方面的能力。

(二)启发思考题

(1)如何对酒店的品牌进行定位,酒店品牌定位如何迎合市场的需求?

(2)如何对酒店的品牌形象进行塑造,如何创建独有的酒店品牌个性?

(3)如何对酒店的品牌进行传播,在酒店品牌生命周期不同阶段该采用何种传播模式?

(4)如何对酒店的品牌进行扩张,金科酒店集团的品牌扩张模式对本土酒店企业有何启示?

(三) 背景信息

1. 酒店品牌

美国市场营销协会(AMA)把品牌定义为：是一个名称、术语、标记、符号或图案设计，或者是他们的不同组合，用以识别某个或某群生产者、服务者或销售者的产品和服务。品牌是一个企业成功的驱动力，这一点也越来越受到酒店业的认同。酒店的产品以服务为主，具有无形性的特点，消费者在初次购买时，无法通过查看产品实体获得可靠的保证，而品牌就成为消费者是否决定购买的首要影响因素。

通过长期的研究与实践，人们对酒店品牌这个概念的界定也逐渐达成共识，一般认为：酒店品牌就是酒店为了使消费者识别其产品和服务，并区别于其他酒店，而所用的具有显著特征的标记，酒店的客房、设备设施、菜点、就餐环境和服务是酒店品牌的物质载体，名称是酒店品牌的形象符号，商标是酒店品牌的法律界定。在酒店市场上，企业依靠品牌营销战略获得成功的案例比比皆是。对外，酒店要通过传播工具及营销组合进行品牌定位和建立品牌个性，建立一个与目标市场有关的个性明了、别具一格的品牌形象；对内，则要对入住顾客适时进行宣传，更重要的是要对员工输入品牌理念。只有做好品牌的内化与外化，才能使酒店品牌"秀外慧中"。

2. 品牌形象

从心理学的角度来讲，形象是人们反映客体而产生的一种心理图式。品牌形象则被认为是企业或其品牌在市场上、在社会公众心目中所表现出的个性特征，它体现了公众特别是消费者对品牌的评价与认知，也可以是一种综合印象，或者品牌在消费者心目中的感知度。品牌形象与品牌不可分割，品牌是一个综合性的概念，品牌形象则是品牌表现出来的特征，包括品牌名、包装、图案设计等，反映了品牌的实力与本质。

(四) 关键要点

(1) 掌握酒店品牌的内涵及作用，能够运用品牌建设的基本原理，对酒店企业进行品牌管理和运营。

(2) 能够对酒店的品牌元素进行设计，并能够对品牌形象进行有效的定位和传播，在酒店企业经营需要的情况下，对品牌进行合理扩张，以提升企业规模和实力，树立强有力的品牌竞争力。

(五) 建议课堂计划

(1) 授课形式：课堂讲授 + 企业考察 + 小组讨论。

(2) 授课时长：8 个课时，具体安排如表 3-2 所示。

表 3-2　课堂计划

课时	教学内容	教学目的
2	酒店品牌定位	掌握酒店品牌定位的基本原理
2	酒店品牌个性打造	掌握酒店品牌个性的构成体系
2	酒店品牌形象传播	掌握酒店品牌传播的基本方法
2	酒店品牌扩张	掌握酒店品牌扩张的模式

(3) 课后作业：总结金科酒店集团在品牌建设方面的成功经验，与国内外知名酒店集团进行对比分析，结合金科集团旗下酒店品牌的实际情况，提出改进和提升的对策。

(毛娟)

第二节 "网红重庆"旅游营销案例分析

旅游营销是旅游目的地在激烈的客源市场竞争中取得胜利的关键。近年来,随着我国各地区旅游目的地的不断发展,客源市场的竞争越来越大。重庆利用网络营销、事件营销等手段,让重庆的山水文化、都市风貌获得较高的曝光度,并由此成就了"网红重庆",使得重庆成为全球旅游增长最快的城市。

从重庆旅游业的长远发展来看,当前的营销模式仍存在部分问题。要实现"网红重庆"向"永红重庆"的转变,需要提升城市内涵以及带动城市各景点协同发展,才能将重庆打造为历史文化名城,使"网红"重庆"永红"大江南北。本文在旅游营销视角下以"网红重庆"为例,分析重庆旅游营销模式及问题,对于其他城市的旅游发展具有一定的借鉴意义。

近年来,一股"网红城市"的热浪席卷而来,"网红成都""网红西安""网红重庆"一跃进入大众的视野。不少网友都表示是抖音短视频抖火了成都,抖火了西安,抖火了重庆。但"爆款"短视频真能带火一座城市?为什么有的城市持续"走红",有的城市转即"衰落"?我们通过对"网红重庆"的分析,背后反映的却是城市网络营销的崛起。"网红"热浪过后重庆是否就此随浪退潮?重庆的城市营销背后还存在哪些缺陷,如何才能实现"网红重庆"向"永红重庆"的转变?

一、案例背景介绍

重庆旅游为什么发展得如此红火?互联网式的营销宣传又在当中起到了什么作用?

近年来,随着人民生活水平的不断提高,人们对于旅游的认识,从过去的被动接受式升级为现在的主动选择式,在当今互联网技术的支持下,人人都是信息的传播者,对旅游目的地的选择充满了变量。如何进行旅游营销,发展旅游经济,成为众多旅游目的地的难题。

2018年,是重庆旅游发展极不平凡的一年。微博搜索"重庆"有4亿多条结果,不仅如此,在抖音短视频中,重庆旅游形象的视频总播放量高达113.6亿,大量的信息传播,为重庆带来了巨大的客流量,使其成为"网红重庆",甚至一度成为仅次于北京的重量级旅游目的地。这便是通过互联网进行旅游营销得来的结果。

二、"网红重庆"的旅游现状

党的十八大以来,重庆坚持以习近平新时代中国特色社会主义思想为指引,深入贯彻落实习近平总书记对重庆提出的"两点"定位、"两地""两高"目标,围绕"建设国际知名旅游目的地"目标,各项工作强力推进,随着抖音等短视频爆发,重庆成为网红打卡的"爆款城市",全市旅游呈现出前所未有之现状。

重庆凭借着强有力的政治、经济优势,独特的地理区位,以陪都、巴渝等文化为底蕴,形成了"风光不与四时同"的景色景观,在互联网等媒介的推动下"一夜爆红",成为世界级的"网红城市",旅游发展势头一片大好。

据中商情报网发布2017中国最热门的50个旅游城市排行榜可见,重庆排名高居第一;世界旅游及旅行理事会(WTTC)2018年发布城市旅游影响数据显示,重庆位列全球发展最快的10个旅游城市榜首。2018年重庆市接待境内外游客59723.71万人次,实现旅游总收入4344.15亿元,同比增长10.13%和31.32%。仅在五一小长假期间,重庆全市就接待境内外游客1735.75万人次,同比增长21.6%;实现旅游总收入112.48亿元,同比增长30.5%。

重庆区位独特。地处四川盆地东部，地形由南北向长江河谷倾斜，长江、乌江以及嘉陵江等大江大河在此交汇，地貌以丘陵、山地为主，其山地占76%，形成了独特的地理建筑。以江城、雾都、桥都著称，又以山城扬名，构成了独特的建筑风格，在2018年的五一小长假中，洪崖洞更是成为次于故宫的热门景点。不仅如此，还是中国西部唯一的直辖市和国家中心城市，是西部大开发的重要战略支点、"一带一路"和长江经济带的联结点，经济发展稳定，在《2018"一带一路"旅游大数据报告》中，被评为入境游客最喜欢的十大旅游目的地之一。

2018年9月，由清华大学城市品牌研究室与抖音、头条指数联合发布《短视频与城市形象研究白皮书》可见，重庆是唯一一个播放量过百亿级的城市，高达113.6亿，远超第二、第三名成都、西安城市形象相关视频的总播放量，可称得上是"抖音之城"与"网红之城"，吸引了众多游客来渝打卡。

重庆旅游资源丰富、特色突出。重庆以建设国际知名旅游目的地为目标，推动全市旅游从景点旅游向全域旅游转变，结合火锅、美女以及山城的三张名片，突出重庆旅游发展特色，如游客们热捧的穿墙轻轨、长江索道、吊脚楼等，依托厚重的历史文化和便捷的交通环境，打造了"离开重庆，看不到的景"的金字招牌。截至2018年，拥有214个国家A级景区，其中5A级景区8家，4A级景区超过90家。形成了较强的世界吸引力和竞争力。

"网红热"一方面反映重庆在整体旅游形象展示与城市宣传中的深厚功力，另一方面也体现了重庆旅游经过多年发展，形成业态丰富、规模壮大、要素健全、支撑有力的可喜局面。

三、"网红重庆"的旅游营销

（一）世界性营销视角助推"网红重庆"的旅游发展

重庆旅游当前的发展目标是要打造国际知名旅游目的地，吸引更多的世界游客。2017年年底，重庆通过《纽约时报》广场大屏幕，向全世界展示重庆独特的自然文化遗产。新浪网、新浪微博及新浪重庆在手机端、网页端及App三大平台同步推广，覆盖了全球上亿网友，让重庆旅游好风光惊艳全球。这一推广取得了良好效果，也坚定了重庆旅游"走出去"的决心。美国东部时间2018年8月30日晚，重庆官方海外传播平台iChongqing正式上线，下一步，不仅世界各地的民众有望在Facebook、Twitter等媒体看到重庆的旅游推介广告，而且在世界一些知名城市，重庆市还将直接设立官方的旅游推广办事机构。不仅如此，重庆还在积极地组织承办各种重要国际会议，如"上合组织地方领导人会晤"以及"一带一路国际技能大赛"等，都为重庆带来了较高的国际影响力度。近年来，重庆围绕"山水之都·美丽重庆"主题旅游形象，强化旅游宣传营销，提升重庆旅游知名度、美誉度，不断拓展入境旅游市场和国内中高端客源市场。

重庆着力宣传和推介旅游品牌，深化旅游主题年活动。重庆还充分利用市内外、国内外主流媒体以及机场、车站、高速公路、城市繁华场所、移动服务平台等开展旅游形象宣传。依托国内外大型节会、赛事等活动，搭建宣传营销平台。其实，这已经不是重庆第一次走向世界，《变形金刚4》在重庆取景、世界旅游城市联合会重庆香山旅游峰会举行等，这都为重庆向全世界营销提供了好平台。除了各种各样的大屏幕、大平台，重庆独有的旅游资源也慢慢开始占据游客们的手机小屏幕。这样的世界性营销视角，将重庆网红热点更多地曝光在潜在游客的视野中。

（二）借助互联网的交互传播，树立城市品牌的支点

重庆除了客观拥有的旅游资源、人文环境外，互联网对重庆成为热门旅游城市的助推作用也不能忽视。甚至可以说，正是由于各类社交媒体上长期对重庆的关注推介，让重庆的山水风

光、城市风貌在平时就获得了大量曝光,厚积薄发,才成就了重庆的旅游热。

重庆以"网红城市"的姿态出现,背后反映的是城市品牌营销的觉醒。通过对城市的政治、经济、文化等多种资源的系统整合,借助互联网的交互传播特点,抓住了更加贴合市场话题的热点,成功树立"8D魔幻城市""火炉—山城"以及"火锅之都"等城市品牌,提高城市综合竞争力,广泛吸引更多的可用社会资源来推动城市良性发展。

(三)影视电影等在重庆拍摄,增加了重庆的网络曝光度

从20世纪30年代至今,先后共有200多部电影在重庆取景拍摄。近年来分别有《疯狂的石头》《火锅英雄》《门》《好奇害死猫》以及《从你的全世界路过》等电影在重庆主城拍摄。此外还有大火的综艺,例如《奔跑吧兄弟》《极限挑战》《十二道锋味》《我去上学啦》等综艺在重庆拍摄。马蜂窝大数据显示,电影《从你的全世界路过》的取景地——二厂文创公园2018年热度涨幅高达358%,成为重庆热度涨幅最高的景点。电影《疯狂的石头》和歌手GAI拍摄MV的取景地交通茶馆,热度增长311%。可见,影视综艺对"网红重庆"的影响是进一步加深的,而各个电影、综艺在上映或者播放上存在时间差,使得重庆不间断地曝光在大众的视野中,也持续给重庆的旅游加热,使重庆一直保持在一定的热度之中。提高了景区知名度,增加了旅游人数,这种效益在后期是得到客观印证了的。同时增加了大众对旅游地的感知,提高了旅游景区的吸引力。影视作品是一种通过想象结合故事情节、影像背景等多种元素创作出来的艺术作品,包含着大量的关于故事发生地的各种信息,人们在观看影视剧时,容易沉浸在故事的影像世界中,自此剧中的信息就潜移默化地进入人们的脑海,使人们对旅游地产生新的认知。

观众将对于电影、综艺的喜爱转化为网红景点打卡,由此不断推动重庆的各个网红景点的发展。影视剧、综艺的拍摄,带给了观众对于其中的取景点的关注与探寻,促使其将观影的体验转化为切实可行的实际体验。

(四)"互动营销"推动"网红重庆"的发展

图3-1所示为城市形象短视频播放量。

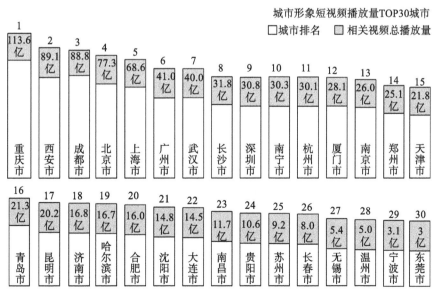

图3-1 城市形象短视频播放量

2018年,短视频让重庆的众多景点成为爆款,在很多年轻人的印象中,重庆似乎一夜间突然就火了。朋友圈、抖音视频、电视、自媒体文章和图片,全方位涌入,像蓄能已久的大浪,来得那么猛烈,铺天盖地。现在一提重庆,人们说"打开抖音一半都是重庆城",其实早在这之前,重庆的美景就已通过微博、微信朋友圈被广为宣传。由城市形象短视频播放量排名来看,重庆市位列第一,这也充分说明重庆本身的城市内容受到了广大短视频App用户的关注和喜爱。短视频创新营销捧红了重庆许多本不是旅游景点的城市景观,如李子坝轻轨站、皇冠大扶梯等目的地,他们深受年轻旅客的喜爱,在极短时间内提升重庆旅游的热度。抖音短视频具有风格碎片化、互动性强等特点。抖音鲜明的产品特征令其收获了与其调性相契合的市场,主要为一二线城市居民,其中又以女性(66.1%)和年轻人(30岁以下用户占比93%)居多,这部分"抖友"是出游的主力军。他们中的大多数是互联网"原住民",善于创造,乐于分享,对于互联网产品的参与意愿很高,有着较为强烈的社交需求;而重庆正是在这样的热潮中成为年轻人旅游打卡的向往之地。

一方面,他们通过打卡拍摄和上传短视频来吸引关注,同时带动"抖友"之间的视频创意比拼。正是这样交互性和参与性极强的动态短视频社交模式,使得重庆在抖音等短视频App上火热传播。在这类旅游视频里,更多的潜在旅游消费者生动全面地了解到重庆这个8D魔幻城市,以及火锅小面等美食,相比图文信息更令人有"涉入感"。

另一方面,观赏视频的"抖友"在评论区实现与播主的互动,相关报告指出,超过一半的抖音用户会看评论,21.8%的用户会参与评论互动。在旅游类视频的评论区,"抖友"会对视频内容和质量进行点评、询问景区的名字和位置、交流旅游体验心得等。关于重庆网红景点的小视频在传播过程中收获了大量的评论,由于抖音评论区互动不仅具有第三方推荐的信任优势,还让评论本身成为优质的体验内容。所以重庆在这样的短视频营销传播中,也收获了大量的良好口碑以及许多符号标签。基于对抖音平台的认同感和归属感,"抖友"们会把去网红景点"打卡"当成一种义务,出游动机由"我想去"升级为"我必须去",也因此,助推了重庆旅游在抖音等短视频平台的传播。

(五)"事件营销"打造良好的口碑

借助事件营销来打造良好的网红城市形象,重视口碑效应的自发传播。例如五一期间,重庆渝中区的千厮门大桥部分时段采取双向交通管制,禁止车辆驶入,仅限游客步行通过。不少网友表示,这样是为了方便游客能到桥上观赏洪崖洞的全貌,也更好拍照。尽管交警回复称,"有方便游客(上桥拍照)的考虑,但是主要是为了车辆和行人的安全"。但这种做法还是赢得了许多游客的好感,并称赞"重庆实力宠粉,把一座桥让给游客",表示还要再去。这就起到了非常好的正面口碑效果,无论是来重庆的游客还是客商,都能有较好的体验感与较高的满意度。

网络达人重庆行,带火重庆旅游。此次事件营销是2019年4月中旬为适应新兴媒体的传播趋势,创新宣传,重庆市委网信办、重庆市文旅委联合启动了"行·重庆——2019网络达人重庆行暨文旅融合金点子征集"活动。活动启动以来,相关话题在网络总参与量超过28亿次。其中,仅抖音平台累计播放量超27亿次,今日头条阅读量达8199万次,高效创新传播带火重庆主城及多个区县旅游。活动共邀请今日头条、抖音、西瓜视频、火山视频等平台的全国22位知名网络达人实地游览重庆新景,感受重庆人文,助力乡村振兴,推介巴渝美食,献计重庆文旅发展,推动重庆文旅融合发展。4月25日起,抖音、西瓜、火山同步上线了"行·重庆"主题,分别推出"重庆穿越之旅""美食达人重庆行""火山带你游重庆"等话题。在本次活动中,受邀网络达人通过实地体验重庆新景和人文魅力,创作了上百件有温度、接地气且"直抵人心"的视频、图文作品。这些作品发布在各大平台上，引起海量网友互动参与。此次活动在抖音平台带动话题视频数量23.3万件，话题视频累计播放量超过27.2亿次，累计点赞6858万次；今日头条平台总阅读量达8199万次；火山平台带动视频作品1417个，总播放量超过279万次；西瓜平台总播放量超过175万次。

通过诸如此类的事件营销，制造了具有"网红重庆"特点的新闻，为重庆带来了较多的热门话题，树立了良好的形象和口碑，使重庆的网红形象得到进一步传播，达到了较好的广告效果，这是对重庆网红旅游品牌的进一步定位和推广。

（六）"网络热词"引发持续的话题讨论

2018年微博搜索"重庆"有4亿多条结果，话题"重庆旅游"阅读量突破2亿。2018年重庆频繁被送上热搜，被评为"最受青睐的城市"第一名、"全球十大发展最快旅游城市"第一名。对于广大网友来说，重庆上热搜的理由也是千奇百怪，例如环球时报、彭拜新闻等众多大V，都有微博推送重庆这个奇特的城市。重庆自带话题属性，例如洪崖洞、李子坝、重庆硬核电梯、旋转波浪公路等，轻轨、立交、房子、道路、天桥处处给人以惊奇和意外感，这些"魔幻"景致被热情的网友拍摄、转发，让重庆话题不断，以"病毒式"传播速度在网络上四散开来。"交通限流＋央视直播＋微博热搜"，重庆在各大节假日都是热度不断，由此引发的话题流量也在不断增加。

（七）强有力的政府公关宣传

政府在公关、宣传方面，坚持强化社会参与，推动行业内部改革与创新。

政府在对外宣传方面，不断加强公关展示，强化正面形象。2018年12月，重庆成功在纽约时报广场开展重庆旅游推广活动，并持续举办中国西部旅游产业博览会、中国长江三峡国际旅游节、渝东南民族生态旅游文化节，策划举办不同主题、不同系列的"四季重庆"旅游推广活动，积极鼓励各旅游接待方持续发展，形成了官方搭台，百家唱戏的良好局面。

政府在与网络媒介交流方面，积极引导舆论发展，重视舆论反馈。借助网络舆论，官方快速响应，做出对策，成功地将诸如李子坝轻轨车站、长江索道等景观打造成为"网红景点"。

政府在兴旅治旅方面，强化区域管理，注重游客体验度的提升。强化旅游服务质量监管，以"不合理低价游"为重点，持续开展"春夏秋冬"四季整治行动。2016年我市游客综合满意度在全国60个重点城市中跃升全国第一；2017年全市旅游企业检查数量、立案数量和案件办结数量3个主要指标均排名全国第一，受到国家文化和旅游部通报表扬；今年上半年，市旅游投诉中心受理各类旅游投诉案件176件，同比减少152件，全市投诉案件同比下降46.34%，旅游市场秩序整治水平持续领跑全国，全市旅游环境不断优化，游客满意度大幅提升。2019年4月，中华人民共和国中央人民政府官网报道了《重庆旅游环境和服务质量持续向好》。

四、"网红重庆"旅游营销中存在的问题

（一）文化营销挖掘深度不够

"网红重庆"只是重庆旅游营销中一个浅面的热度表现，重庆在旅游营销宣传中缺乏对本土特色文化的充分挖掘，使"网红重庆"在向"永红重庆"的转变过程中缺乏底蕴支撑。

在抖音、快手等短视频传播平台中，关于重庆的海量信息都仅仅局限于洪崖洞、千厮门大桥、解放碑等较为热销的景观景点中，而在渣滓洞、白公馆、湖广会馆等文化底蕴较为深厚的景观景点，则缺乏相应的宣传曝光度；不仅如此，在重庆所独有的巴渝文化、陪都文化、三峡文化、山城文化、红色文化等大量特色文化中都有内涵挖掘不够、宣传力度欠缺的问题。

这种单纯的热点营销方式，造成了重庆特色文化宣传力度不够，虽然在短时间内形成了

"网红重庆"的旅游奇观,却在长远角度上扼杀了重庆的"多彩文化齐开花"的成长景象,与文旅融合发展相违背。

(二)联动营销宣传力度不强

据中国产业研究院的数据显示,重庆旅游宣传营销着重在于渝中区,而渝中区的旅游重点在于解放碑旅游圈,这其中包括了解放碑、洪崖洞、八一好吃街、沧白路等景点景观,旅游景点高度密集,吸引了大量的抖音朋友前来打卡。仅在2019年的五一小长假,渝中区就接待游客420.5万人次,同比增长5.52%,与重庆的其他区县拉开了较大差距,如江北区接待游客量仅为92.2万人次。

缺乏较为完整的联动营销宣传,造成了区别较大的营销宣传力度、抖音曝光度,没有起到帮助客流量分流的作用,形成了区域间的旅游发展不平衡,一方面在较短的时间内网红区域人流量骤增,对旅游接待方造成了较大行为冲击,游客体验感降低、满意度减少;另一方面,在旅游宣传曝光度较低的区域,客流量较少,形成了"小众群体"消费,二者都不利于重庆旅游的长久发展。2019年五一假期重庆市各大旅游商圈游客排行榜如图3-2所示。

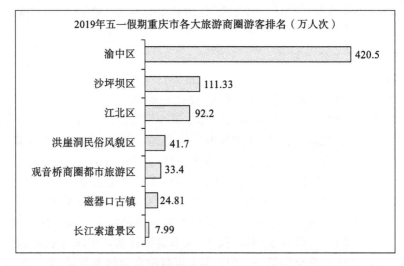

图3-2　2019年五一假期重庆市各大旅游商圈游客排行榜

五、"网红重庆"旅游营销的发展对策

(一)加强重庆文化宣传营销

1. 深度挖掘特色文化,打造魅力品牌重庆

旅游地发展到最后,归根结底是文化的欣赏,而打造属于自己的特色文化品牌则是城市旅游营销的关键。

2018年短视频让重庆洪崖洞成为网红,不仅是因为酷似宫崎骏的动漫《千与千寻》的美丽夜景,最主要的原因还是在于土家吊脚楼完美地展示了重庆巴渝文化、火锅文化、建筑文化以及民俗文化。它与新年轻化元素相碰撞,与新青年化元素相结合,打造出具有强大生命力的新型景观。通过在社交网络的传播,让重庆洪崖洞的旅游热度迅速提升至全国第二,仅次于北京故宫,成为全国第一个因短视频而爆红的景点。

通过挖掘重庆特色文化,促进重庆城市品牌营销。重庆是山水名城,同时也是文化名城。自秦朝设郡至今已有2000多年的历史,在这中间演变出了巴渝文化、三峡文化、陪都文化以及红色文化等,极具地方特色。本土的才是世界的,民族的才是世界的。通过加强对重庆特色文化营销的曝光度,深度挖掘重庆的特色文化,进而完成对重庆营销的发现和讲述,这将是重庆区别于其他地区、构建自身旅游竞争力的一个重要因素。

2. 深度挖掘特色文化,促进文旅融合发展

旅游活动从本质上来说是一种文化活动,有强烈的文化性。深度挖掘重庆巴渝文化、三峡文化、红色文化等大量特色文化,可以充分展示重庆城市文化内涵,打造高品质、个性化的精品旅游产品,延长文化旅游附加值,加速文旅融合发展,促进游客旅游消费需求的不断升级。

借助抖音、快手等短视频将重庆的 40 余项国家非物质遗产,以及大量的市级、区级遗产以旅游者喜闻乐见的方式传递出去,把文化元素植入景区景点、融入城市街区、嵌入美丽乡村,打造主城区大型实景旅游演艺等文旅项目,做深做优都市"网红景点"的人文内涵。以地铁、轻轨、索道、游轮、有轨无轨公交以及直升机等立体旅游交通为依托,串联各个"网红景点"、自然景观和历史文化街区,形成精品旅游线路和产品集群,有助于将重庆早日建成文化强市和国际旅游目的地。

(二)加强景区间联动营销宣传力度

1. 目标的一致性

在旅游产品的宣传推广上,既要强调各自景区的形象宣传,也要突出联动景点的独特资源魅力。各个景区在进行资源开发、线路设计、产品包装、营销战略的制定、相关信息的共享、整体形象的塑造上,要始终保持以吸引游客消费体验为第一目标,在此基础上充分发挥各景区景点在区位、资金、技术、人才、信息、品牌、营销等多方面的优势。

2. 景区的互补性

将已有品牌的优势效应放大,辐射到整个地区的其他旅游景点上,以强带弱,以强促弱,发挥各自的优势,创造更大的品牌效应,吸引更多的客源,形成更大的旅游市场。重庆应发挥山水都市、乌江画廊、长江三峡、大足石刻、天生三桥、温泉之都等旅游品牌效应,实现在空间上的纵深发展和相对均衡扩散,带动周边弱势景点的共同发展,从而共同搭台唱大戏。

3. 区域的合作性

推进区域内部合作与区域外部合作,打破行政区域和行业界限,探索"区域合作,整体开发,联动推进"的新型旅游合作机制,形成"共打品牌、共推线路、共搞促销、共享资源、共同受益"的区域旅游合作关系,实现资源有效整合和共同发展。

六、结语

在互联网高度发达的大背景下,任何的"好"与"坏"都会被无限地放大,重庆旅游营销应持续整合多方资源,深入文化内涵挖掘,才能不断保持高质量的网红热度,实现"网红重庆"向"永红重庆"的转变。

七、教学指导说明部分

(一)教学目的与用途

本案例主要用于《旅游市场营销》理论教学及实训课程。以提高学生专业素养为目的,进行探究式教学。

案例教学目标:让学生通过案例"以学习的任务"为载体,在老师有意识的引导下,提供了自由学习的氛围,激发学生主动探索,帮助学生分析旅游营销活动,体会到旅游市场营销对旅

游发展的重要意义。同时给学生提供不同类型的市场营销学习案例。

（二）启发思考题

（1）简述旅游市场细分的重要性。

（2）旅游市场营销中的注意力主要集中在需求上，而忽视了产品，重庆旅游市场营销应如何避免"近视症"？

（3）用联动营销的概念分析"网红重庆"文化旅游发展采用联动营销的必要性。

（4）据案例分析，我们的旅游营销有哪些新思路？

（三）分析思路

"网红重庆"如何营销，成果如何，运用了哪些营销手段；在市场营销的带动下，"网红重庆"如何转型升级变成"永红重庆"。

（四）理论依据与分析

（1）联动营销。

（2）网络营销。

（3）旅游文化营销。

（4）旅游整合营销。

（五）背景信息

联动营销与旅游整合营销的关系。案例中没有明确地阐释联动营销与旅游整合营销，同时两者的逻辑关系没有分析并展示。

（六）关键要点

（1）重庆旅游发展迅速，文化旅游成为重中之重，重庆市利用"媒体营销＋互动营销＋事件营销"的方式，全方位多点地发力开展全国旅游营销工作，吸引国内外关注，旅游接待量明显提升，成为全国排名第一的"网红城市"。在网络热潮下，应该如何使"网红重庆"一直"永红"是一个值得思考的问题。

（2）重庆市推进文化旅游融合充分发展，在旅游营销上采用符合大众的需求和喜爱的方式，抓住年轻群体的旅行特征，利用市场细分，挖掘和开拓新的市场机会，并制定适用的经销策略，调整旅游市场的营销策略，充分把旅游资源有效利用到目标市场。

（3）如何开展"联动营销"，让知名度较低的景区与新发展的旅游景点合作共赢。

（4）如何发挥旅游整合营销。旅游经济是一种"注意力"经济。旅游者的活动具有综合性、过程性、时间性的特征，一个完整的旅游产品要满足旅游者生存、享受、发展多重需求，就要求旅游营销必须站在旅游者的角度，"以顾客为主导，整合相关资源，传播完整信息"。因此，重庆旅游的发展需要充分发挥跨区域的目的地营销，这样才能使重庆整体旅游发展达到同等的高度，并实现协调发展。

（七）建议课堂计划

（1）授课形式：建议小组讨论式教学。

（2）授课市场：4课时，让学生学习旅游市场营销的同时，通过案例以启发学生思考景区营销的问题和如何打造新型营销方式。

（3）课后作业：建议学生拟写对该案例学习的总结，针对问题提出自己的解决方案，或者让学生自己写一个营销方案。

（刘力裴　毛琳　熊宗月　张庆洁）

第三节 移动短视频对景区的影响分析

当前通信技术发展日新月异,如今人们习惯地使用社交工具并通过它们来拉近人与人之间的距离。近年来移动短视频社交发展尤为迅猛,人们通过简单的操作就可以拍摄视频,上传网络与大家分享。移动短视频传播的信息超越文字和图片,更加直观地、生动地向别人展示了自己生活中的点滴。

2018年是移动短视频展示其特殊宣传能力的一年。重庆洪崖洞景区在2018年4月持续出现在某视频软件的首页推荐中,被越来越多的观众所熟知,并引发了一大波游客到洪崖洞景区"打卡"的热潮。洪崖洞景区的火爆,移动短视频在其中的作用功不可没。"互联网+旅游"的模式得到充分的体现,而这种意外走红的现象也值得我们深入研究,只有清楚洪崖洞景区与短视频之间的联系,才能更好地利用这种互联网时代的旅游营销,促进当地旅游业的发展,以及为其他的景区提供参考和借鉴意义。

本文以重庆洪崖洞景区为研究对象,具体探讨移动短视频对景区的影响效应。首先,从移动短视频角度,论述短视频的兴起与发展,以及短视频在传播中的影响效应体现;其次,以洪崖洞景区为重点,具体研究移动短视频对洪崖洞景区产生的影响效应,包括积极影响、受短视频影响后暴露的问题,再针对部分问题提出合适的对策和建议;最后,在研究中得出对其他景区的启示。希望通过对此课题的研究讨论,能对以后移动短视频与旅游业发展的结合有更多的帮助。

互联网时代的信息传播十分的便利和快捷,人与人之间通过日新月异的多媒体技术,构建起多样化的资讯交流平台,人们可以通过各种方式搜索到自己想了解的信息。2018年3月以来,重庆突然成为曝光率极高的城市,大量游客到此地旅游,旅游业发展迅猛,这些和"抖音短视频"手机软件有密切关系。随着"抖音"App的流行,重庆洪崖洞景区站在了这股"抖音风"的风口,被广大网友一路送到了国内十大最热门旅游地的第二名,仅次于故宫。短视频中充分展现了洪崖洞景区充满巴渝特色的吊脚楼建筑群,璀璨夺目的夜景和灯光,短短十几秒的景色搭配动听的音乐,洪崖洞的风采就已经体现得淋漓尽致。正是由于短视频平台的首页推荐中有许多有关洪崖洞的内容,观看视频的人都产生到实地打卡的想法。根据重庆市旅游发展委员会发表的相关数据表明,五一假日,洪崖洞景区接待游客14.2万人次,同比增长120%;国庆假日期间,洪崖洞景区接待游客79.67万人次,同比增长184.5%。

一、移动短视频的兴起与发展

2017年以来,社交短视频软件如抖音等对旅游景点的传播成为促进旅游地发展的新途径。移动短视频凭借新颖、短小、快捷的特点,将国内部分极具特色的旅游地带红。如今移动短视频潮流势不可挡,旅游已成为视频播放平台中的高频词汇之一。再加上短视频的拍摄难度低、即时性强,让这些短视频平台除了拥有一大批平民用户之外,还有很多官方的账号入驻,如景区管理方、地方旅游局等。短视频的兴起对旅游地的发展带来全新的动力,因为这些短视频用户群体都乐于分享、易受环境影响,一定程度上都是潜在的旅游者。通过短视频的推动,促进旅游地与公众的相互沟通交流,丰富景区旅游形象,促进旅游的发展。对于旅游者来说,面对众多的信息,旅游视频也是旅游传播中的重要内容,相比文字和图片,更加直观和便利。重庆洪崖洞景区是受短视频影响最大的旅游地之一,近年来,因为网络上随处可见的洪崖洞夜景和建筑群的短视频,越来越多的游客前来打卡,洪崖洞景区因此成为家喻户晓的景点。火爆的背后,更多的是需要思考成功的因素以及往后的可持续发展。

目前,国内的多数旅游公共服务平台以内容为王,多是整合文字和图片,忽略利用旅游视频发展的思考以及对旅游目的地产生影响的研究。本课题将通过对短视频的发展及其产生影响的路径为出发点,具体分析受短视频影响显著的重庆洪崖洞景区现状,探究短视频的运作模式,研究短视频对洪崖洞景区带来的具体影响效应,挖掘其多方面的影响表现,同时根据短视频对景区带来的部分负面影响提出对策建议,从而全面了解短视频促进旅游地发展的模式,为其他旅游目的地的发展提供思路,更有针对性地利用旅游短视频来促进自身旅游地和旅游产业的发展。

目前国内外对移动短视频并没有严格的定义,因此对于其也说法不一。但对于移动短视频的区分,主要有以下几个方面。从短视频时长来说,最显著的区别是播放时间短,几秒钟到几分钟不等。一类是视频时间为几分钟的,以部分专业视频网站推出的资讯类短视频为主;另一类则是由秒拍、抖音等用户群体生成的移动短视频,这类视频时间控制在15秒以下,多是网友利用智能终端自发拍摄并上传。

在短视频内容上大致分为四类:一是有趣类,汇聚快乐。通过戏精演绎、恶作剧、剧情反转、搞笑段子等逗乐观众;二是好看类,凸显高颜值,如好看的人、萌娃萌宠、歌舞表演、精致生活等;三是新奇类,探索世界,内容包括创意炫技、极限运动、才艺高手等;四是实用类,有心人的追求,主要是一些教学和知识传播,有美容时尚、DIY技能、新闻资讯、才艺教学等。用最强大的力量穿透人心,通过极短的时间呈现精彩,浓缩世界,目之所及皆美好与乐趣。

二、移动短视频对洪崖洞景区影响效应分析

(一)洪崖洞景区发展历程

洪崖洞原名洪崖门,是古重庆城门之一,有2300年的历史,现位于市区核心圈和嘉陵江、长江两江交汇的滨江地带。2006年,由重庆市政府总投资3.85亿元兴建而成,建筑面积4.6万平方米。以具巴渝传统建筑特色的"吊脚楼"风貌为主体,依山就势,沿江而建,是兼具观光旅游、休闲度假等功能的国家AAAA级旅游景区。新中国成立前,洪崖洞下临镇江寺和纸盐河街,都是码头,相当热闹。新中国成立后,随着沿江码头的衰落,洪崖洞也逐渐失去了昔日的红火,1995年开始搬迁。2002年,洪崖洞景观工程开始竞标。2006年洪崖洞景区完工,成了重庆城的新景点。建成后的洪崖洞形成了"一态、三绝、四街、八景"的经营形态,体现了巴渝文化休闲业态。"一态"指的是文化休闲业态;"三绝"指的是吊脚楼、集镇老街、巴文化;"四街"指洪崖洞的四条街:动感酒吧街、巴渝风情街、盛宴街美食街、城市阳台异域风情街。洪崖洞特色鲜明,成为重庆娱乐生活、夜生活的标向。

(二)洪崖洞景区在短视频平台火爆的原因

1. 紧握自媒体营销机遇

当下人们的旅游观念已经转变,在目的地选择上更多元化和个性化,即从传统旅游六要素向"商、养、学、闲、情、奇"新旅游六要素拓展。对于旅游景区而言,满足游客的旅游需求,吸引旅游者到来,前提就是做好旅游营销。自媒体时代受众主要是饱含个性的"90后""00后",因此自媒体是最好的营销宣传平台。

自媒体最大的优势是打通圈层信息获取渠道,让信息迅速进入"90后""00后"的视野,产生圈层内部影响实现旅游营销。2015年起,知乎上有探讨洪崖洞与《千与千寻》动画中的相似

点,而知乎是年轻人了解"权威"与"个性"知识的重要渠道,这一时期的微信朋友圈、公众号、微博也持续发力,经过两年的发酵,洪崖洞不再是传统重庆夜游景点的形象,而与顶级IP《千与千寻》有了联系,这使得更多年轻人了解到洪崖洞并加深其旅游形象。2016年,马蜂窝旅游首页推荐了洪崖洞的出行攻略,越来越多的照片与游记开始呈现,而朋友圈的旅游分享、马蜂窝的游记分享又促使情感式认同强烈的圈层成员去追寻,使潜在游客产生旅游动机。2018年抖音的出现对洪崖洞营销更加直接,每一个游客拍摄的短视频都比官方宣传更有说服力。4月的"门票传闻"更是形成饥饿营销效应,唯恐收费的人们将抖音的营销效果叠加至微信朋友圈、微博圈、头条、各类公众号,加上五一前一周马蜂窝、阿里、携程等旅游出行App的推波助澜,焦虑感和高热度促成大规模人群涌向洪崖洞。正是通过前期所有营销的积累,让游客将到洪崖洞旅游从思想变为真正的行动。洪崖洞景区紧抓这种自媒体营销机遇,最终实现了线上线下的2018年大爆发。

2. "3D"的地形体验

洪崖洞是2000年开始城市更新后,建在嘉陵江边悬崖峭壁上的摩岩联排仿古吊脚楼建筑群,极具巴渝传统特色,它依山而建,鳞次栉比,错落有致,上下足有11层楼,号称"中华悬崖城"。洪崖洞最神奇的地方在于它的地形。在洪崖洞,一楼出去是大马路,进入一楼往上游览,走到十楼的时候,又回到了马路上。洪崖洞充分体现立体山城的奇特地形,而在嘉陵江畔的滨江大道仰望洪崖洞,整片建筑已经完全遮没了山壁,只见璀璨错落的城,不见险峻的崖壁。这样独特的"3D"地形,通过短视频几十秒的展现,不管是游览者,还是观看洪崖洞视频的人,都如同置身神奇的山地迷宫,落差足有10层楼之高。此情此景,让人恍惚,吸引一大波打卡的游客。

3. 丰富的文化内涵

洪崖洞景区浓缩重庆古今的历史,把重庆独具特色的巴渝民俗文化、民居建筑文化、滨江码头文化整合于一体,保留着老式的木结构茶馆和食肆等,让游客在此体验到享受文化、消费文化、体验文化的独特魅力。洪崖洞两侧的悬崖下建造的是一排排吊脚楼,靠木桩作支撑,在木桩顶上搭建与江岸连接的平台,远看就像悬空的房屋,吊脚的部分,连续运用和重复出现的有组织排列所产生的韵律感,给人以美的感受,层层叠叠,错落有致,似摇似晃,构成重庆城特有的风景。

同时重庆洪崖洞的火爆还和日本动漫《千与千寻》动漫有密不可分的联系。夜色下的洪崖洞与《千与千寻》动画中"汤屋"的形象接近,因此被称为中国版的"千与千寻"。正是因为影片的高关注度,当短视频频繁播放洪崖洞的美景时,就吸引了大量的粉丝点赞转发,更促使部分游客到现场身临其境体验动漫的美好。

4. 独特的美食夜景

重庆有"小香港"之称,以山水闻名于世,梦幻般的夜景更是令人着迷,不输维多利亚港。洪崖洞因为高低落差和特色的建筑外形,每当夜晚来临,华灯初放,高低明灭的灯光流光溢彩,交相辉映。位于洪崖洞旁的千厮门大桥,桥的主塔采用空间曲面构造形式,整个桥身轮廓线条绝美,夜幕降临时桥上灯火璀璨。两江与灯海相衬,霓虹在江面倒映,车船有动有静,相得益彰,犹如身处诗里梦里一般。洪崖洞的美食也同样让人无法自拔。浏览洪崖洞时随手拍摄的短视频,到处都是重庆美食的影子,红油抄手、重庆老火锅、洪崖洞老酸奶等,通过短视频实时展示,更加让人充满食欲,恨不得到现场大快朵颐。

(三)移动短视频对洪崖洞景区产生的积极影响

1. 知名度提高

根据 2015 年 1 月 1 日至 2018 年 12 月 8 日的百度搜索指数显示(见图 3-3),以"洪崖洞"为关键词汇的搜索频率在 2018 年以前出现的较低,曲线基本基于平缓,部分有小波动。在 2018 年 3 月至 2010 年 6 月期间,曲线开始迅速上升,直到 2018 年 5 月出现峰值(E 点)后又急剧下降;在 2018 年 10 月又出现次峰(F 点),仅次于 5 月的最高峰。至今"洪崖洞"百度指数仍呈波动上升趋势。

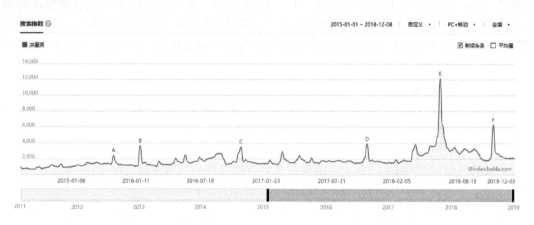

图 3-3 "洪崖洞"的百度搜索指数变化趋势(2015 年 1 月 1 日至 2018 年 12 月 8 日)

马蜂窝旅游网发布了《2018 五一出行趋势报告》(简称《报告》),通过大数据的分析预测,重庆洪崖洞第一次出现在了热门榜单上,并一举冲到了榜单第二的位置(见图 3-4),热度仅次于故宫,成为令人瞩目的新晋网红景点。9 月 12 日马蜂窝旅游网发布了《2018 国庆出游趋势报告》,对 2018 年国庆出游趋势进行了预测(见图 3-5),结果显示重庆洪崖洞热度不减,仍然位列全国第二,仅次于北京故宫。

排名	城市	景点
TOP1	北京	故宫
TOP2	重庆	洪崖洞
TOP3	成都	成都大熊猫繁育研究基地
TOP4	大理	洱海
TOP5	成都	锦里
TOP6	杭州	杭州西湖
TOP7	武隆	武隆天生三桥
TOP8	临潼	秦始皇兵马俑博物馆
TOP9	西安	西安古城墙
TOP10	泸沽湖	泸沽湖

图 3-4 2018 五一小长假境内热门景点 TOP 10

排名	目的地	景点
1	北京	故宫
2	重庆	洪崖洞
3	成都	成都大熊猫繁育研究基地
4	西安	秦始皇兵马俑博物馆
5	成都	宽窄巷子
6	成都	锦里
7	杭州	西湖
8	北京	颐和园
9	厦门	鼓浪屿
10	乌兰	茶卡盐湖

图 3-5 国庆境内热门景点

五一、国庆黄金周,洪崖洞成为全网最有话题的旅游景点。不仅仅是主流媒体的大幅报道,其他社交媒体也是如火如荼地讨论着洪崖洞景区,例如新浪微博的热搜榜在五一和国庆黄金周首日就被洪崖洞霸占了一整天。十一国庆当日,央视新闻联播节目更是用长达 6 分 14 秒的时长,现场连线记者直播了"锦绣山河·秀·重庆洪崖洞"的节目内容,从夜景、美食、人文风情等多角度展示洪崖洞景区,发出了"一江一城一景等你来"的邀请,大大提升洪崖洞的知名度,成为全国熟知的热门旅游景点。

2. 旅游人数增加

2018年4月开始，有大量的短视频拍摄者将洪崖洞景区的独特造型搭配绚烂的夜景的短视频发布到网络上，引发了网友的点赞转发，吸引了一大批慕名而来的游客。洪崖洞景区的意外走红不仅带动了重庆大旅游市场的发展，而且也激发了洪崖洞景区自身的活力。

根据《2017年重庆市旅游业统计公报》数据显示，2017年重庆共接待游客5.42亿人次（见图3-6）。春节假日7天接待游客3803.2万人次；五一假日3天接待游客1427.4万人次；国庆期间接待游客3418.6万人次。

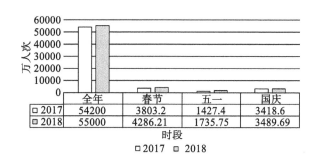

图3-6　2017—2018年重庆接待游客人次对比

在9月发布的《2018年中国旅游城市榜单》中，截至2018年9月重庆共接待游客5.5亿人次，已超过去年全年水平，位居全国第一。据《重庆市2018年春节假日旅游综述》，春节假日7天全市共接待境内外游客4286.21万人次，同比增长12.7%；其中洪崖洞景区共接待游客19万人次（见图3-7），同比增长10.92%，日均接待游客2.71万人次；五一假日3天，全市共接待境内外游客1735.75万人次，其中洪崖洞景区接待游客14.2万人次，同比增长120%，日均接待游客4.73万人次；国庆假日期间，全市共接待境内外游客3489.69万人次，同比增长13.8%。其中，洪崖洞景区接待79.67万人次，同比增长184.5%，日均接待游客11.38万人次，首次超过热门景区排名第一名的磁器口古镇（见图3-8）。

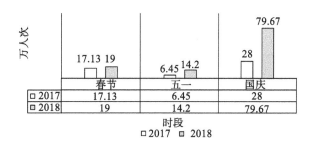

图3-7　2017—2018年洪崖洞景区接待游客人次对比

3. 旅游收入上升

重庆洪崖洞景区在通过移动短视频的疯狂传播、推广后，从2018年4月开始不断被游客提及，五一、国庆前来旅游的人络绎不绝，直接促进了洪崖洞景区的旅游收入的提升。洪崖洞景区的走红，是以优质内容吸引游客关注，进而影响旅游者消费决策，推动了旅游行业的发展。

根据《2017年重庆市旅游业统计公报》数据显示，2017年，重庆全年实现总收入3308.04亿元，国内旅游收入3176.55亿元。春节假日7天实现旅游总收入103.18亿元；五一假日3

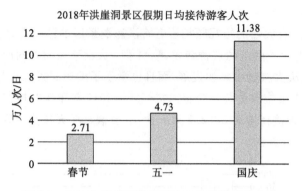

图 3-8 2018 年洪崖洞景区假期日均接待游客人次

天实现旅游收入 86.2 亿元;国庆期间实现旅游收入 123.1 亿元。《2018 年中国旅游城市榜单》数据显示重庆截至 2018 年 9 月 29 日已实现了 3000 多亿元的旅游总收入,是接近 2017 年全年的旅游收入。据《重庆市 2018 年春节假日旅游综述》表明,重庆春节假日 7 天实现旅游总收入 133.73 亿元,同比增长 29.6%。据《重庆市 2018 年五一节假日旅游综述》表明,五一三天实现旅游总收入 112.48 亿元,同比增长 30.5%。国庆假日期间,实现旅游总收入 141.27 亿元,同比增长 28.4%。由于洪崖洞景区并未实行门票进入,不能统计门票收入,但今年春节、五一、国庆假日到洪崖洞的游客暴增,创造的旅游收入一定高于往年同期。2017—2018 年重庆旅游收入对比如图 3-9 所示。

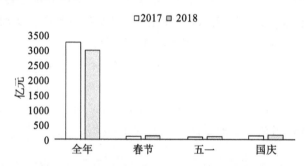

图 3-9 2017—2018 年重庆旅游收入对比(2018 年全年数据截止为 9 月)

(四)移动短视频影响后暴露的洪崖洞景区的问题

1. 景区人流量暴增,承载力严重不足

洪崖洞走红,节假日里洪崖洞的客流量以"J"形增长打破之前的平静状态,随着客流量增加,景区里公共设施长时间负荷量运行。建于 2006 年的洪崖洞景区,作为国家 AAAA 级旅游景区,其每日的最大承载量仅为 52500 人次,每小时的最大承载量仅为 8750 人次,但随着洪崖洞的大火,人流量越来越大,五一期间最多的时候一天接待量达到了 8 万余人,国庆期间日均接待游客约 11 万余人次。故宫目前一天的限流人次是 8 万。也就是说洪崖洞国庆期间的旅游人次,一天里已经超过故宫接待量级。而洪崖洞的商业面积远远小于故宫的面积,尽管故宫有很多地方未全面开放,但比洪崖洞的面积要大太多了。如此比照,洪崖洞的景区承载力压力非常大。洪崖洞从最低层到顶层总共 11 层,落差较大,且景区大部分为木架构建筑,每一层楼的承重有限,木质的围栏在人群拥挤时极易发生意外事故。景区内部上下每一层的方式除了电梯只有楼梯,升降梯只有三部,高峰时期坐电梯需要排很久的队,非常的拥挤和危险,连消防通道也是人贴着人走,一旦发生踩踏事故或是突发事件,完全无法及时疏散游客。景点相应的配套设施不完善,不具备足够的旅游接待能力,不能满足旅游者的基本旅游需求,无法保证游客的旅行安全。

同时洪崖洞景区环境也遭受影响。由于不可控的游客源源不断地涌入景区,游览产生的垃圾随处可见,环境卫生的维护赶不上制造垃圾的速度,所以垃圾桶随时爆满,小吃残渣遍地。满怀期望前来体验的游客体验值低于期待值,无论是在网络还是在现实,口碑都遭遇不可避免的下滑。

2. 吸引外地游客居多,导致交通拥堵严重

洪崖洞持续火爆,不论对当地市民还是对于前来旅游的游客而言,受到影响最大的方面就是交通。节假日期间,部分外地游客选择自驾游,导致洪崖洞景区地段车辆拥挤堵塞,交警不得不限流,只出不进,严重影响交通出行。五一假期,游客从四面八方来到重庆,巨大的客流量已经把马路变成了商场,交通一直处于瘫痪中,4月29日晚上6点直到凌晨12点左右,交通才恢复畅通。国庆假期,千厮门大桥的人行道上,白天就挤满人群在俯拍洪崖洞的全景,造成严重交通拥堵。到了晚上更是挤得水泄不通,整条路都被游客占领了,不少人还干脆坐在人行道的栏杆上排队等待。街道堵满了游客,大桥更是封锁了通车,人山人海,一眼望去全是游客。不少游客表示在洪崖洞除了人什么都没看到,整个洪崖洞附近都被游客占领了。由于景区附近路段狭窄,地势特殊,拥堵的人群也无法及时疏散,只能被人流推着往前走。景区内部游客太多导致4G信号瘫痪、吃不上饭、坐不了车,整个旅游体验就是"堵"。所以这就给不少前去洪崖洞打卡的游客造成了巨大的心理落差,对洪崖洞景区的评价也不太好。

3. 短视频内容较表面,实地经营管理不善

洪崖洞走红使重庆成功走进大众视野,几乎成为重庆旅游的名片,大量移动短视频展示了景区的独特造型,璀璨夜景,独一无二的文化内涵,吸引大量游客前来体验。但短视频只记录了美好的洪崖洞,游客真正到洪崖洞旅游以后,景区的经营管理就不断暴露出短板,让游客大失所望。

因为洪崖洞景区是民营企业管理,在景区内的商铺都是自主入驻,没有具体的管理条例约束。走红后的洪崖洞"坐地起价"的现象非常严重,尤其是高峰期间,因为围堵在附近根本出不去,吃饭就成了刚性需求,景区附近餐馆就开始哄抬物价,坑宰游客。价格高、小吃的味道差、没有体会到重庆的热情好客,很多人都表示这与理想中的洪崖洞有很大的偏差,这种情况让千里迢迢跑来体验洪崖洞独特魅力的游客扫兴而归。

除了景区内经营的问题,还有不少"周边"管理的问题。近来洪崖洞景区附近有不少装扮着孙悟空、猪八戒等形象的"演员"出现,冲着外地口音的游客主动要求合影,或者别人照相时他突然出现,然后向被合影的人要钱。如果有人不付钱要走,他们就会跟你走直到给钱为止。这种"被照相"的遭遇,使游客完全颠覆了对洪崖洞美好的印象,而景区不加以管理,任由这样的行为抹黑洪崖洞,最后导致游客的体验感极差。

4. 游客需求多样,景区无法快速适应市场变化

洪崖洞2006年建成开业,是重庆旅游开发起步较晚的景区,其定位为集娱乐、休闲、观光、餐饮于一体的都市休闲区。2018年洪崖洞在短视频平台迅速走红,但景区并没有因为游客暴增而展现出更好的表现,反而因为当前多样的旅游需求而显得市场滞后,无法及时跟进市场变化。

重庆洪崖洞景区本来客源定位主要是针对外地游客,让外地游客在这里休闲观光,体验巴渝文化。但是实际上由于前期景区知名度较低,到洪崖洞旅游多数是本地或者是周边云贵地

区的游客。随着短视频上洪崖洞越发火爆,全国各地的游客都前来游览,游客蜂拥而至。加上前期经营的偏差,导致外地游客到来后感受的是设施不足、服务态度差等,洪崖洞景区一时之间无法匹配适应游客的旅游安排。

此外,由于短视频吸引而来的游客基本是年轻游客,他们对旅游产品的需求是新奇的、与众不同的、有体验感的产品,而不同于其他年龄段游客的观光游、休闲游,这类游客是被巴渝文化和《千与千寻》IP共同吸引的。但景区实际上除了外形吸引眼球外,内部产品还较为单一,没有文化的体验,也没有独特的乐趣,就是逛完洪崖洞基本就结束旅行,没有办法满足游客对于参与性、体验感等方面的旅游需求。到目前为止,洪崖洞景区内依然是纪念品和重庆美食的天下,没有吸引游客的特色项目。

5. 短视频带来热度短暂,持续性发展不可观

尽管暂时看来洪崖洞景区的热度不减,但通过五一和国庆的两轮游客轰炸后,景区的口碑并没有随着网络上的视频高涨,反而有更多的游客开始吐槽,洪崖洞趁着短视频的东风,但并没有因势利导的发展,而是开始走下坡路。

第一是游客体验感糟糕。洪崖洞景区在短视频软件上看起来很美,但慕名而来的游客到了景点后没能看到美景,只感受到人山人海、前胸贴后背的拥挤,没法靠近洪崖洞,再加上一些商家的利益经营,让游客产生洪崖洞是一个坑人景区的错觉,游客高兴而来失望而归,旅游体验极差。

第二是无法带动旅游消费。重庆位于2018年中国旅游城市榜单的榜首,但旅游收入却处于第五名,大量到洪崖洞消费的游客,费用基本是用在了餐饮和交通方面的刚性需求上,其他旅游产品较少购买。因为景区内的纪念品多数是从义乌批发过来的,低买高卖且无法体现巴渝文化内涵,无法展现洪崖洞的特色,都是千篇一律的仿制品,无法刺激游客的购物欲望。

三、针对洪崖洞景区发展建议对策

(一)提高接待能力,利用短视频形成口碑效应

洪崖洞景区通过短视频的宣传吸引一大批游客,但同时要完善配套设施、提高接待能力才能留住游客。要利用互联网时代的及时性、高效性、广泛性,将景区良好的内部形象宣传出去,利用短视频吸引游客,留住游客,打造口碑效应,达到"自来水"的宣传效果。

洪崖洞景区针对大流量游客要提高接待水平,完善基础设施需要,增强游客的满意度。基础设施部分要大量添置,垃圾桶、休息座椅等要及时补充;景区内部增设疏散电梯,保证游客游览安全。根据客流情况适当适时限流,统筹实现景区内单向客流动线,同时安排有大量安全人员和志愿者引导游客文明旅游。对洪崖洞景区进行全面升级,将洪崖洞变身智慧旅游景区,引进智能化设备,包括人脸识别、新的门禁系统、全场WIFI等,将洪崖洞与大数据结合,智能化进行精准运营,提升游客体验。按照相关标准,建成为游客提供有效信息查询、医疗救助等综合性服务的配套设施。景区管理方要加强对景区内商铺的管理和对景区外营销环境的维护,禁止强买强卖、坐地起价等行为,保证游客游玩舒心。通过游客的亲身体验,为洪崖洞景区宣传,提升口碑。

(二)结合当前旅游需求,打造特色旅游产品

目前洪崖洞景区主要以观光、休闲游览型为主,单一的旅游项目无法满足各类游客的需求,影响了游客的滞留时间、重游度和消费额。必须让文化内涵丰富、游客参与性强的旅游产品代替走马观花式旅游。洪崖洞景区近年来因为《千与千寻》的IP热度,已经成为年轻游客的

必游之地,因此要考虑到这部分游客的深层次旅游需求,打造文化体验型产品,丰富洪崖洞景区内涵。受短视频影响前来洪崖洞的游客,都有各自的心理需求,求新、求异、求真、求趣,要打造新鲜的旅游项目满足他们的需求。

洪崖洞之所以能通过短视频在网络火爆,就是因为它充分体现巴渝民居特色,具有不可复制性。当游客来到洪崖洞,除了眼前一亮的景色,还要通过景区内部的特色产品留住游客。根据洪崖洞景区的核心元素,洪崖洞的巴渝文化体现应该重点放在巴渝老街老巷和城市景观阳台这两部分。利用洪崖洞吊脚楼的独特造型,通过老街老巷的建筑,营造当年的生活景象,可以让员工扮演挑夫、纤夫,可以配合游客照相等让历史重演,这样可以让游客在购物、观光的同时身临其境,印象深刻。城市阳台部分可以在展示滨江风光的同时增加城市文化的展览。店铺招商过程中应该秉承宁缺毋滥的原则,选择一些有较高知名度和美誉度的本土特色产品,纪念品或者手工品应该再现巴渝的历史文化,而不是千篇一律的义乌小商品。同时在其他楼层,适当增加与"千与千寻"相关的文化体验馆、手工作坊或是休闲小吧等,融合各种需求,增强洪崖洞与旅游和文化的联系,通过精心设计活动,创造更多和现实及潜在顾客沟通交流互动的活动,增强游客的参与感和体验度。

(三)打造全域旅游,形成持久的吸引力

洪崖洞景区的吸引力是暂时的,如果不能联合周边发展全域旅游,不论是洪崖洞还是重庆的旅游发展都将受到影响。洪崖洞成为"网红"景区实际上是互联网与民众产生的神奇效应,要充分利用这种网络营销的成果。重庆其实除了洪崖洞,还有其他景点可以作为旅游推介。以全域旅游为导向,进行洪崖洞景区旅游品牌形象设计、旅游产品规划。同时以洪崖洞为关键节点,连接重庆其他旅游目的地,突破区域局限,营造旅游地全域化氛围,将洪崖洞都市旅游线路直接纳入重庆经典游览线路的首站。国内外游客在此体验洪崖洞多元产业带来的现代生活情趣,游吊脚群楼、看巴渝情缘、赏巴渝文化,然后满意地游览重庆更多的景点,填充重庆的形象,真正实现玩在重庆,满意在洪崖洞。通过这样的打造形成功能互补、特色突出、彼此融合的跨区域旅游线路。把休闲旅游、遗产旅游、红色旅游等主题串联起来,将网红品牌打造成整体旅游品牌。

四、对其他景区的启示

洪崖洞景区在短视频应用的推动下成为今年家喻户晓的热门景点。对于洪崖洞走红的案例也能给其他景区一些旅游发展的启示。

第一是顺应互联网时代潮流,抓住发展的机遇。互联网的快速发展和广泛应用使得我国旅游业的传统营销模式发生了很大的改变,现在旅游网络营销已经在中国的旅游业中起步,并且正以飞速的发展速度逐渐成长为了当前旅游业营销的主流模式,洪崖洞景区正是通过旅游网络营销成就了当前的形势。因此其他景区应该拓展思路,紧跟当前的旅游发展形势,借助互联网的东风,利用新媒体多样化的营销,将旅游景区推广出去。洪崖洞的特殊在于更多的是游客无组织、自发性地进行视频宣传,如果其他景区没有这样的契机,可以主动地由经营方进行宣传推广,再通过丰富的信息和吸引游客的资源来达到刺激游客旅游动机的目的。

第二是打造优质的旅游资源,产生强烈的吸引力。旅游资源的本质属性是其吸引功能。任何一个景区之所以能让游客产生旅游动机,就是因为当地的优质旅游资源满足了他们的旅游需求,不管是休闲度假还是风情体验,最终都是一种旅游资源的体现。由于旅游资源是无法移动或被输送的,旅游者想购买旅游产品就必须前往旅游地,由此引导游客到当地旅游。洪崖洞景区的案例,移动短视频归根结底只是起到了高效的营销作用,但根本上还是因为洪崖洞与众不同的吊脚楼造型和璀璨夺目的夜景,因为资源的丰富性和唯一性,所以才会让看到视频的人都变成潜在目标群体,在假日蜂拥而来。由此可以看出,一个景区的发展,真正需要的是足够吸引人的旅游资源,只有开发出优质的旅游产品,才有促进旅游发展的实力。

洪崖洞景区在移动短视频的影响下获得了空前绝后的成功,这对景区自身发展来说是得天独厚的机会,分析移动短视频对洪崖洞景区的影响效应,可以更好地利用现在的机遇对洪崖洞景区进行升级改造,同时在总结洪崖洞成功经验的同时,也为在互联网时代背景下的其他景区提供一些借鉴和启示,更好地利用多媒体旅游营销推动旅游业的发展。

五、教学指导说明部分

(一)教学目的与用途

(1)案例使用课程。本案例适用于《旅游市场营销学》理论教学及实训课程,用于让学生对比分析网红景区营销战略制定与宣传。

(2)案例教学目标。让学生通过案例,直观感受网红景区如何锻造,存在怎样的问题,为学生能够拓展营销思路提供学习案例。

(二)启发思考题

(1)短视频在营销中有哪些影响,为什么年轻人喜爱短视频营销?

(2)短视频在景区宣传中的利弊分析。

(三)背景信息

(1)洪崖洞是城市旅游中的一个景区,通过深度营销宣传,成为重庆城市旅游的代名词,超过了传统的渣滓洞、白公馆的影响力。

(2)洪崖洞景区在没有大规模新增硬件设施的情况下,通过微视频营销,成为重庆城市旅游的目的地。

(四)关键要点

探讨如何运用科技手段,让景区营销在短期内达到预期效果。

(五)建议课堂计划

(1)授课形式:建议小组讨论式教学。

(2)授课市场:2个课时,让学生真正认识到网红景区运作的关键要素。

(3)课后作业:建议学生撰写研讨结论。

(张玲 刘军林)

第四节 广州市花都区国内游客旅游消费偏好

一、案例背景

(一)案例由来

2019年8月12日,国务院办公厅印发《关于进一步激发文化和旅游消费潜力的意见》,总体目标是顺应文化和旅游消费提质转型升级新趋势,深化文化和旅游领域供给侧结构性改革,从供需两端发力,不断激发文化和旅游消费潜力。努力使我国文化和旅游消费设施更加完善、消费结构更加合理、消费环境更加优化,文化和旅游产品、服务供给更加丰富。

广州市花都区位于广东省中南部,珠江三角洲北部,广州市北缘,东接广州从化区,西连佛山三水和南海区,南与广州白云区接壤,北邻清远市。京广铁路、武广客运专线纵贯全境,京港澳高速公路、广清高速公路、机场高速公路、广乐高速公路、肇花高速公路、广州市北二环高速和街北高速公路构成花都境内南北和东西走向高速公路网。东部流溪河、西部的巴江河南汇珠江,船只直航港澳。位于花都的广州白云国际机场是国内三大空中交通枢纽之一。2017年12月28日,区内首个地铁线路—广州地铁9号线一期开通。花都的地理位置和发达的水、陆、空交通,为花都发展旅游提供了有利条件。

为了全面掌握赴广州市花都区旅游的国内游客基本情况,特别是旅游休闲消费需求、消费结构、消费特征、消费额度以及消费满意度等,努力使文化和旅游消费结构更加合理,消费环境更加优化,消费设施更加完善,文化和旅游产品、服务供给更加丰富,推动文化和旅游消费规模保持快速增长态势,为此开展关于广州市花都区国内游客旅游消费偏好情况的调查与分析。

案例名称:广州市花都区国内游客旅游消费偏好。

(二)案例研究对象

案例主要是针对广州市花都区的国内游客旅游消费基本情况的调查。我们把国内游客定义为不以谋求职业、获取报酬为目的,离开惯常居住地,来花都区从事参观、游览、度假等旅游活动(包括前来探亲、疗养、考察、参加会议和从事商务、科技、文化、教育、宗教活动等为目的),出行距离超过10公里,出游时间超过6小时但不超过12个月(包括过夜游客和一日游游客)的人。

(三)案例调查内容

广州市花都区国内游客旅游消费偏好调查与分析的具体内容主要包括以下几个方面。

(1)国内游客的基本信息:游客的居住地、性别、年龄、职业、旅游信息来源及其来花都旅游的目的等。

(2)交通方式、组织方式、停留时间。

(3)住宿方式、住宿价格、旅游花费。

(4)旅游同行人数、旅游次数。

(5)活动偏好、景区选择。

(6)旅游接待设施、旅游总体印象评价。

(四)案例调研方法

1. 问卷设计

按照国家文化和旅游部、国家统计局联合制定的《旅游统计调查制度》要求,对广州市花都区国内游客(包括过夜游客和一日游游客)旅游的基本情况设计调查问卷"广州市花都区游客旅游消费偏好基本情况调查问卷"(详见附录),进行抽样调查。

调查问卷由导语、问卷主题、附件三部分构成。

导语主要向被调查者说明调查的原因、目的,交代本调查采用不记名方式,并向被调查者表示感谢,从而消除被调查者的顾虑,争取他们的积极支持和配合。

问卷主题由相关题项组成,题项用来具体调查广州市花都区游客旅游消费偏好、饮食偏好、购物偏好的基本情况,主要采用客观选择题的形式,由被调查者在认为与自己情况相符的选项中确定选择项。其中对于年龄、职业、文化程度的调查为避免被调查者敏感,均采用分组形式进行。

附件部分包括样本编码、调查地点、调查时间、督导员、调查员等信息记录,以方便对调查的情况进行统计、校对、复查,从而提高调查的准确性。

为了检查问卷的结构是否合理,语义表达是否顺畅、清晰,是否会造成被调查者阅读时的歧义,在问卷初稿形成后,征求了案例组全体成员的意见,大家充分肯定了调查问卷设计的初步成果,也提出了十分有价值的修改建议,在此基础上,案例组先后与行业主管领导、景区管理人员、专家学者共同商讨问卷的设计,通过3次修改后正式定稿。

2. 调研管理

1)调查员的招聘

为了保证调研活动的科学性、规范性,提高调研结果的有效性,在开展调查之前,案例组在相关高校的旅游管理专业、酒店管理专业招聘了23名热爱旅游事业,有较强工作责任心的学生担任调查员。

2)调查员的培训

案例组对正式录用的23名调查员进行了统一的专业培训,要求调查员对国内旅游抽样调查的目的、意义、内容、指标有深刻的理解,对调查程序有明确的认识,尤其对旅游消费等重要内容进行了专门培训和指引,让调查员掌握问卷要素,明确工作目的,确保调查问卷的质量。

3)调查活动控制

在调查现场,要求调查人员认真记录,督导员严格指导。调查员对回收的调查表进行仔细核对,保证被调查者对前后问题回答的一致性,核实调查问卷中的逻辑关系,对不合理、不符合逻辑关系的问卷予以剔除,然后交督导员统一复核,以提高抽样样本的代表性和准确性。

3. 调研实施

本调查采取调查员实地前往广州市花都区旅游景区(点)面向游客现场发放问卷并现场回收的方式进行,即由调查员持卷(或直接发卷),向游客面对面访问,调查员根据游客的回答如实填写,也可以直接让游客填写,然后即时回收、审核填好的调查问卷。

在进行问卷调研时,为了感谢游客对我们工作的配合和支持,调查员在被调查者完成调研问卷之后,会赠送给他们一份旅游纪念品。

4. 样本选择

为保证抽样调查的代表性,降低调查误差率,在选择景区(点)调查的样本时,我们主要选择了花都区游客接待量最大的10个景区(点)作为其中的调研样本,这10个景区(点)的游客接待量占花都区所有景区(占)游客接待量的96.66%,从而确保了调研的有效性。

5. 问卷发放与收集

调查从2014年10月18日开始至2014年11月2日结束,历时16天。共计发放问卷2685份,回收问卷2561份。剔除因跳题等原因造成的不完整问卷,再剔除明显存在严重问题的敷衍型答卷,最终获得有效问卷2503份,占总回收问卷数的97.74%。

二、旅游消费偏好情况调查样本特征描述

赴广州市花都区旅游的国内游客旅游消费偏好情况调查与分析是通过"广州市花都区游客旅游消费偏好基本情况调查问卷"(详见附录)组织调研的。在问卷收集和初步整理筛选完成之后,对2503份有效样本的基本特征进行了统计,具体情况如表3-3所示。

表 3-3 样本描述性统计情况

特征	类型		人数/(人)	百分比/(%)	累积百分比/(%)
地域	广东省内 2106 人	广州市区(不含花都区)	966	38.59	38.59
		花都区	148	5.91	44.51
		潮汕地区	109	4.35	48.86
		佛山	92	3.68	52.54
		清远	73	2.92	55.45
		湛江	59	2.36	57.81
		惠州	47	1.88	59.69
		茂名	46	1.84	61.53
		江门	45	1.80	63.32
		深圳	44	1.76	65.08
		梅州	38	1.52	66.60
		中山	29	1.16	67.76
		其他地区	410	16.38	84.14
	广东省外 397	湖南	131	5.23	89.37
		广西	60	2.40	91.77
		湖北	34	1.36	93.13
		四川	29	1.16	94.29
		福建	16	0.64	94.93
		其他地区	127	5.07	100.00
性别	男		1415	56.53	56.53
	女		1088	43.47	100.00
年龄	14 岁及以下		68	2.71	2.71
	15—24 岁		976	38.99	41.70
	25—44 岁		1115	44.55	86.25
	45—64 岁		269	10.75	97.00
	65 岁以上		75	3.00	100.00
学历	初中及以下		356	14.22	14.22
	高中或中专		691	27.61	41.83
	本科或大专		1381	55.17	97.00
	硕士及以上		75	3.00	100.00
职业	学生		709	28.33	28.33
	企事业员工		413	16.50	44.83
	工人		332	13.26	58.09

续表

特征	类型	人数/(人)	百分比/(%)	累积百分比/(%)
职业	个体户	327	13.06	71.15
	其他	231	9.23	80.38
	专业人员(律师、医生、教师等)	146	5.83	86.21
	农民	143	5.71	91.92
	离退休人员	113	4.52	96.44
	公务员	60	2.40	98.84
	军人	29	1.16	100.00

表3-3统计显示,回收的2503份有效问卷中,游客居住地在广东省内的共有2106位,占84.14%;游客居住地为非广东省的有397位,仅占15.86%。显而易见,前来广州市花都区旅游的国内游客以广东省的为主,特别是花都区周边地区的广州市各辖区、清远市、佛山市等更为突出。省外游客则以湖南、广西等省区所占比重较大。花都游客的近距离性的主要原因是距离衰变规律作用所致,即距离愈大,旅游吸引力就愈小,同时也与花都旅游产品的知名度不高等有关。

在游客的性别构成上,男性1415人,占样本的56.53%,女性1088人,占样本的43.47%,游客的性别分布较均衡,这是调研有效性的一个重要体现。

游客年龄方面,14岁及以下者占2.71%,15—24岁者占38.99%,25—44岁者占44.55%,45—64岁者占10.75%,65岁以上者占3.00%。可以看出,25—44岁这个区间的游客接近前来花都区的国内游客总数的一半,这部分人群比较年轻,体力充沛,出游热情高,是旅游市场中最活跃的年龄群体,也具有一定的经济实力。

游客学历方面,初中及以下的占14.22%,高中或中专的占27.61%,本科或大专的占55.17%,硕士及以上的占3.00%。总体来看,游客的学历结构呈正态分布,专本比例占一半以上,学历层次相对较高,说明赴花都旅游的国内游客具有一定的文化素养和知识水平。

游客职业方面,学生占28.33%,企事业员工占16.50%,工人占13.26%,个体户占13.06%,上述四项占总数的71.15%。学生接近样本总数的1/3,是来花都区的最主要游客群体。这是因为花都周边地区(如广州市内、佛山、清远等)的大专院校比较多,学生结伴在周末进行短途旅游的数量也相对较多,其他三个游客人群主要属于近距离双休日旅游。另外,由于调研活动基本都是在周末进行的,特别值得注意的一个重要外部环境是,调研正好是在国庆节长假之后,因此,这段时间主要是以短途旅游为主,而上述主要游客群体的职业特点也刚好与这样的旅游形式相吻合。

三、旅游消费偏好情况分析与讨论

(一)旅游信息来源

统计结果显示,赴花都区旅游的国内游客获知花都旅游信息的渠道及其比例如图3-10和表3-4所示。

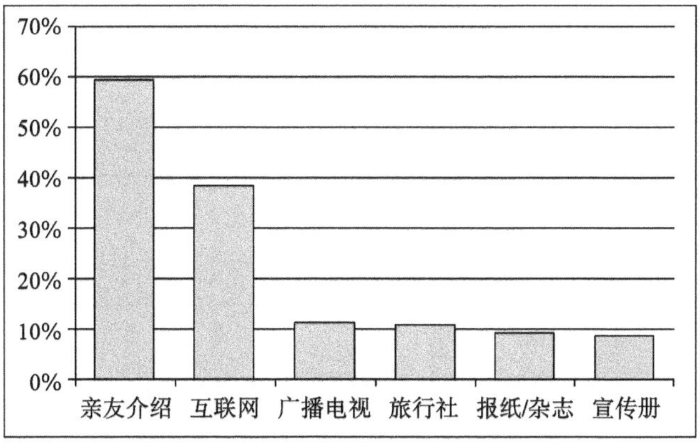

图 3-10 获知花都旅游信息的来源渠道

表 3-4 获知花都旅游信息渠道的比例

旅游信息接收途径		亲友介绍	互联网	广播电视	旅行社	报纸/杂志	旅游宣传册
N	有效	2495	2495	2494	2494	2496	2492
	缺失	8	8	9	9	7	11
频数		1489	963	289	282	238	223
比率		59.68%	38.61%	11.58%	11.31%	9.54%	8.95%

从图 3-10 可以看出,游客获知花都旅游信息的主要途径是通过亲友介绍,共有 1489 人选择该项,占有效问卷总数的 59.68%;其次是互联网,共有 963 人选择该选项,占有效问卷总数的 38.61%;再次是通过广播电视和旅行社,分别有 289 人和 282 人选择,占有效问卷总数的比例分别为 11.58% 和 11.31%,其余的是报纸/杂志和旅游宣传册。

从调查结果来看,"口口相传"仍然是花都旅游信息传播的最主要途径,而传统的报纸/杂志和旅游宣传册已经被新型的现代媒体,特别是被以互联网和广播电视为代表的新型媒体所取代,新媒体正成为获取旅游信息的重要途径。

(二) 旅游目的及逗留时间

1. 旅游目的

调查统计显示,花都区国内游客的旅游目的居第一位的是观光/游览,占 52.22%,第二位的是休闲/度假,占 47.34%,另外还有探亲/访友(11.92%)、文化/体育/科技交流(9.60%)、健康/疗养(4.33%)、商务/会议/培训(4.04%)等,如图 3-11 和表 3-5 所示。

表 3-5 赴花都区旅游目的的比例

出行目的		观光游览	休闲/度假	探亲/访友	文化/体育/科技交流	其他	健康/疗养	商务/会议/培训
N	有效	2499	2499	2499	2499	2503	2496	2499
	缺失	4	4	4	4	0	7	4
比例		52.22%	47.34%	11.92%	9.60%	7.31%	4.33%	4.04%

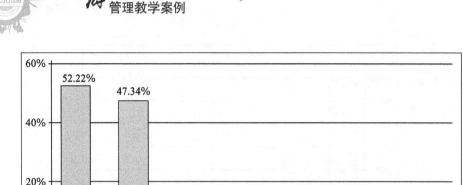

图 3-11 赴花都区旅游的目的与分类

观光/游览、休闲/度假成为主要旅游目的现象与本地区旅游资源特点有关。花都山清水秀,自然环境优美,人文与生态旅游资源较为丰富,如森林、水库、田园、花卉园艺、道观庙宇、古村落等。相关景点调查中的九龙湖度假区、芙蓉度假区、香草世界、洪秀全故居、花都湖、园玄道观等大都适合于观光游览、度假休闲旅游。

2. 逗留时间

游客逗留时间是反映一个地区旅游业市场竞争力的重要指标之一。根据问卷统计数据显示,在回收的 2503 份问卷中,测量到游客逗留时间的有效应答问卷共 2424 份,无效应答问卷 79 份,有效应答率占回收问卷总数的 96.84%,如表 3-6 所示。

表 3-6 游客逗留时间统计分析表　　　　　　　　　　　　单位:人次/%

逗留时间	省外旅客		本省旅客		总计	
	频数	频率	频数	频率	频数	频率
1 天以内	263	66.25%	1603	76.12%	1866	74.55%
2—3 天	91	22.92%	321	15.24%	412	16.46%
4—5 天	14	3.53%	57	2.71%	71	2.84%
6—10 天	13	3.27%	34	1.61%	47	1.88%
10 天至 3 个月	7	1.76%	10	0.47%	17	0.68%
3 个月至 1 年	1	0.25%	10	0.47%	11	0.44%
缺失	8	2.02%	71	3.37%	79	3.16%
总计	397	100.00%	2106	100.00%	2503	100.00%

有效样本量	全距	均值	中位数	标准差	方差	偏度	峰度
2424	365	3.65	1.0	39.4	1549.5	28.9	951.9

1) 游客逗留时间的分布形式

游客最少逗留时间不足 24 小时,平均逗留时间 3.65 天。逗留时间不足 24 小时的游客超过 70%,分布偏度 28.9,峰度 951.9,分布形式显著右偏。

2) 游客整体逗留时间

被调查的游客中选择当日往返的占74.55%,选择逗留2至3天的占16.43%,选择逗留4—5天的占2.84%,选择逗留6—10天的占1.88%,选择逗留10天至3个月的占0.68%,选择逗留3个月至1年的占0.44%,逗留1年以上的占0.08%。可见,在行程安排上大多数游客选择1日游。

3) 省内省外游客逗留时间比较

图3-12统计数据显示,就当日往返来看,省内游客比例高于省外游客9.87个百分点,滞留2—5天的省外游客数量较省内游客高8.5个百分点。相对来说,省内游客更倾向于短期滞留,其缘由是滞留时间的长短与距离呈正相关。

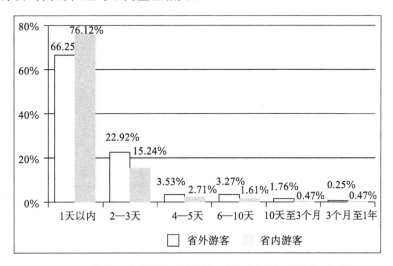

图3-12 本省及省外游客逗留时间对比分析图 (单位:人次)

游客滞留时间偏短的主要原因是花都区高品质旅游资源不多,分布相对分散且缺乏有效串联,资源影响力相对较弱;旅游产品开发不足,利用水平较低,多数旅游景点规模较小,景点"可玩性"不高。

(三) 旅游组织方式与交通

1. 旅游组织方式

赴花都区旅游的国内游客出游方式主要是自助游,占了78.51%,另外,单位组织的占10.71%,参团旅游的占7.07%,半自助旅游的占3.40%,如图3-13和表3-7所示。

表3-7 旅游组织方式比例

旅程组织方式	自助式旅游	单位组织	参团旅游	半自助式旅游（代订酒店）	缺失	总计
频数	1965	268	177	85	8	2503
频率	78.51%	10.71%	7.07%	3.40%	0.32%	100.00%

这种以自助游为主要方式的出游跟目前的国内出游趋势是比较一致的。随着旅游交通的发展,旅游信息和服务的完善,旅游产品获取的便利性的提高,加上游客的旅游经验的积累、对个性旅游的时尚追求等,愈来愈多的游客不再需要借助旅行社组团来完成出行,而更愿意采取自助或半自助的方式外出旅游。

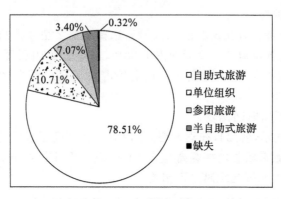

图 3-13　旅游组织方式

2. 交通工具选择

（1）统计数据显示，花都区旅游的国内游客采用自驾车交通方式的比较多，占 48.34%，其次是公共交通和客运汽车，分别占 22.29% 和 20.97%，这三种主要的交通方式合计高达 91.60% 的比例，而普通火车、高速列车、航空客运等交通选择所占比例很小（见表 3-8）。其原因主要是出游距离近、逗留时间短，以游览观光和度假休闲游为主。在此基础上，这三种主要的交通方式又可以满足轻松、自由、多样化的旅行需求，降低旅行成本支出。

表 3-8　旅游出行主要交通方式分布频数分析表　　　　　单位：人次/%

序号	主要交通方式	频数	频率
1	自驾车	1210	48.34%
2	公共交通	558	22.29%
3	客运汽车	525	20.97%
4	高速列车	72	2.88%
5	普通火车	66	2.64%
6	飞机	60	2.40%
7	缺失	12	0.48%
	总计	2503	100.00%

（2）赴花都旅游的国内游客以省内游客为主，占 84.14%，另外，距离较近的华中、华南（除广东外）地区游客分别占 7.23% 和 2.76%，三者合计占被调查游客总人数的 94.13%（见图 3-14 和表 3-9）。

表 3-9　游客来源地比例

来源	广东	华中	华东	华南	西南	华北	东北	西北	港澳台
占比	84.14%	7.23%	3.00%	2.76%	1.80%	0.36%	0.32%	0.20%	0.16%

一般来说，游客出行空间距离越大，路程消耗时间越多，出行成本越高。前来花都旅游的国内游客由于出行距离较近，因而在很大程度上也决定了他们选择的交通方式多为自驾游、公共交通和客运汽车等。

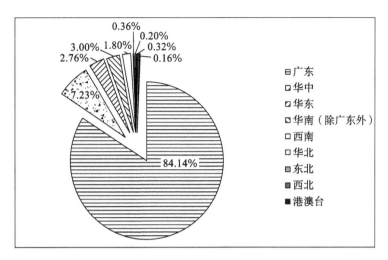

图 3-14　游客来源构成示意图

(四) 结伴旅游与重复旅游

1. 结伴旅游

赴花都区旅游的国内游客超过九成选择结伴旅游,其中 4 人以上一起出游的占 55.93%,2 人一起出游的占 19.38%,3 人一起出游的占 17.82%,如图 3-15 和表 3-10 所示。

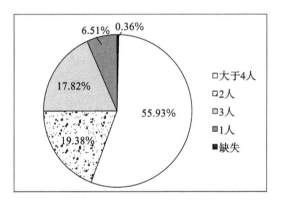

图 3-15　同行人数情况统计分析图

表 3-10　同行人数频数及频率

同伴人数	大于 4 人	2 人	3 人	1 人	缺失	总计
频数	1400	485	446	163	9	2503
频率	55.93%	19.38%	17.82%	6.51%	0.36%	100.00%

在结伴旅游的同伴选择上,34.45% 是与朋友一起出游,33.09% 的人选择与家人一起出游,与同事一起出游的占 14.15%,与同学一起出游的占 10.23%,而独自出行的只占 5.64%,与客户一起出游的占 0.60%,其他的占 1.72%,如图 3-16 和表 3-11 所示。

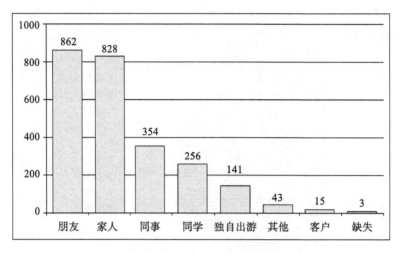

图 3-16　同行人数的类型比例图

表 3-11　同行人数频数及频率

旅伴类型	朋友	家人	同事	同学	独自出游	其他	客户	缺失	总计
频数	862	828	354	256	141	43	15	3	2502
频率	34.45%	33.09%	14.15%	10.23%	5.64%	1.72%	0.60%	0.12%	100.00%

由于赴花都区旅游的国内游客有近 80% 的是选择自助游，与团体旅游相比，自助旅游的特点是出行规模小，多以家庭、朋友、同学等为组成单位。就旅游的安全性、旅游成本、游玩的质量而言，与家人和朋友一起结伴出游成为一种比较合适的选择，这样既可以相互照应，又可以彼此沟通、联络感情，促进亲情与友情，可谓一举多得。项目的调研过程中我们也发现，在问卷调查现场，很多情况都是父母带小孩，或者亲友家庭聚会式的旅游形式。

2. 重复旅游

重复旅游反映了游客对其认同的旅游地具有持久的兴趣和稳定的忠诚度。统计显示（见图 3-17 和表 3-12），大部分游客是重复出游，其中 2 次出游的游客占 15.50%，3 次的占 12.19%，4 次的占 5.35%，大于 4 次的占比为 39.87%。仅出游 1 次的游客占 26.73%。

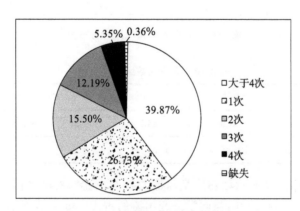

图 3-17　游客来花都次数比例图

表 3-12 游客来花都的旅游次数及人次

旅游次数	大于4次	1次	2次	3次	4次	缺失	总计
人次	998	669	388	305	134	9	2503

结合前面的调查结果可知,赴花都区旅游的国内游客大多是花都周边的游客,他们出行时间短(1—2日游),主要选择的是花费相对低一些的城市周边休闲度假旅游区;另外,花都山水自然环境优美,空气质量较高,也比较适合游客在繁忙的都市生活和工作之后多次前来游览观光和休闲度假。

（五）住宿行为与方式

图 3-18 和表 3-13 所示,除缺失数据外,赴花都区旅游的国内游客首选的留宿方式是亲友家,占23.9%;其次是入住经济型酒店,占13.7%;而选择不留宿的占9.6%。考虑到有大量游客选择当日往返的情况,无效应答游客中不住宿游客应占据较大比例,实际不住宿游客人数应远大于该统计数量。

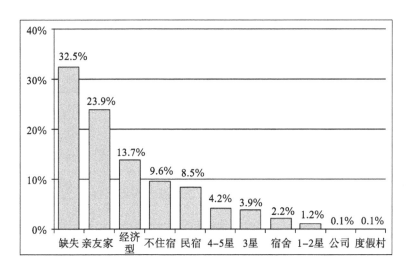

图 3-18 游客住宿行为分析图

表 3-13 游客住宿方式频数及频率

住宿方式	缺失	亲友家	经济型	不住宿	住宿	4—5星	3星	宿舍	1—2星	公司	度假村
频数	814	598	344	241	213	105	98	55	29	3	3
频率	32.5%	23.9%	13.7%	9.6%	8.5%	4.2%	3.9%	2.2%	1.2%	0.1%	0.1%

（六）活动偏好选择

统计结果表明(见表 3-14),游客休闲活动偏好相对分散,游客比较感兴趣的首选是游览观光,占62.30%,其次是品尝美食,占36.28%。其他各选项被选比例均低于30%,甚至有6项占比都不足10%。从户外活动和室内活动偏好对比来看,户外活动被选比例相对要高些。

表 3-14　游客休闲活动统计分析表　　　　　　　　　　　　　　　单位：%

休闲活动	N 有效	N 缺失	频数	均值
游览观光	2496	7	1555	62.30%
品尝美食	2497	6	906	36.28%
登山	2497	6	635	25.43%
骑自行车	2496	7	627	25.12%
农家乐	2497	6	605	24.23%
游乐园、主题公园	2497	6	598	23.95%
野炊露营	2495	8	541	21.68%
徒步远足	2496	7	446	17.87%
欣赏岭南建筑	2496	7	416	16.67%
户外拓展	2496	7	397	15.91%
参观博物馆	2497	6	388	15.54%
游船、游艇	2497	6	324	12.98%
KTV、文化表演	2497	6	232	9.29%
朝拜礼佛活动	2496	7	203	8.13%
洗浴、桑拿、沐足	2497	6	170	6.81%
科教活动	2497	6	163	6.53%
高尔夫、网球、羽毛球等球类活动	2497	6	157	6.29%
节庆活动	2496	7	142	5.69%

（七）旅游消费结构

旅游消费结构是指城乡居民在国内旅游过程中消费的各种类型的旅游产品及相关消费资料的比例关系。按照旅游消费资料的不同用途，旅游消费结构可分为"吃、住、行、游、购、娱"六个方面需求的消费。按照这些需求的重要性，又可将其划分为基本旅游消费和非基本旅游消费。基本旅游消费是进行一次旅游活动所必需的且基本稳定的消费，如交通、住宿、餐饮、游览等方面的消费；非基本旅游消费是指并非每次旅游活动都必需的且具有较大弹性的消费，如购物、娱乐、通讯、医疗的消费。非基本消费所占比重可以反映一地旅游经济的发展水平。

在本项目的调研过程中，我们将旅游消费的调查分为"散客"和"参团游客"两种类型。在回收的全部问卷中，散客共2050人，占比81.90%；参团游客共446人，占比17.82%；剩余7人（0.28%）无法判断其出行方式。其调查数据应答情况和有效性分析如表3-15、表3-16所示。

表 3-15　散客消费调查数据应答情况及有效性　　　　　　　　　　　　　单位:人次/%

消费类型		在花都区购票的交通费	住宿费	餐饮(含食品饮料)费	旅游景区门票	娱乐	购物(非食品饮料)	其他消费
N	有效	2015	1985	2023	1987	1987	1982	1978
	缺失	35	65	27	63	63	68	72
有效应答率		98.26%	96.73%	98.67%	96.83%	96.83%	96.57%	96.36%

表 3-16　参团游客消费调查数据应答情况及有效性　　　　　　　　　　　单位:人次/%

消费类型		报团费	餐饮(含食品饮料)	娱乐	购物(非食品饮料)	其他消费
N	有效	326	412	400	403	397
	缺失	120	34	46	43	49
有效应答率		63.19%	91.75%	88.50%	89.33%	87.66%

由于本题属于主观型问题,被调查者应答随意性较高,故须针对上述统计数据剔除离群个体和荒谬应答后进行统计分析。以散客的交通消费支出数据为例,如图 3-19 所示,散客在花都区旅游的交通消费支出分布情况表明,支出超过 1000 元(含)的游客极少,且远远偏离其他游客的整体分布,因此可将支出超过 1000 元的记录作为荒谬数据剔除;此外,作为散客出游,在旅行过程中交通消费为零的情况也有违常识,故将消费支出为零的纪录也作为荒谬数据剔除。

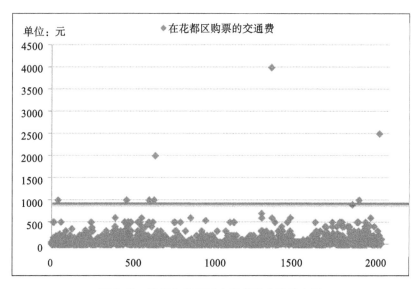

图 3-19　散客在花都区交通消费支出散点图

1. 散客消费

经统计分析,受访散客在花都区旅游消费的各项比例如图 3-20 所示。散客人均旅游消费为 558.53 元,具体反映在吃、住、行、游、购、娱及其他费用方面的人均消费分别为 132.84 元、88.10 元、83.04 元、41.42 元、104.05 元和 60.68 元、48.40 元。

其中,基本旅游消费(吃、住、行、游)占比 61.84%,非基本旅游消费(购、娱、其他)占

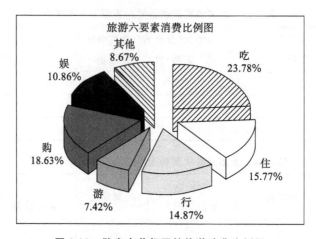

图 3-20　散客在花都区的旅游消费比例图

比 38.16%。

基本旅游消费中,餐饮消费占比 23.78%。俗话说"食在广州",由于散客主要是广东省内游客居多,而广东本地人在"吃"的方面比较注重和讲究,因此,餐饮消费所占比重也相对较高。住宿方面,因为主要是当日往返的"一日游"游客,选择住宿的游客只有 30% 左右,并且主要选择入住价位较低的住宿场所,人均消费水平并不高,在基本消费中仅占 15.77%,考虑到酒店房间一般为标准双人间,所以住宿费用以两人计算的话,基本达到经济型酒店的价位。人均交通费用总的消费比为 14.87%,这是因为赴花都旅游的客源主要来自周边省市,外地游客偏少,交通成本以油费、过路费、公共交通费和客运费为主,交通成本低于外地游客的交通成本。景区游览的消费支出占比 7.42%,与我国城乡居民国内旅游消费中游览一项的消费比重(7%)基本相符。

非基本消费中,购物与娱乐所占比重最大,其中娱乐消费占比为 10.86%,购物占比 18.63%,其他占比 8.67%。非基本消费比例较低,主要原因在于花都旅游设施设备不足,游娱网点过少,游客即使有消费欲望也无消费场所或不便于消费。

研究表明,基本旅游消费和非基本旅游消费各占 50% 比较合理,发达国家旅游非基本消费甚至占 70%—80%,由此可见,花都的旅游消费尤其是非基本消费仍有很大的上升空间。

1) 餐饮消费

在餐饮(含食品饮料)人均消费方面,表 3-17 的统计情况表明,被调查者平均餐饮消费金额为 132.84 元,其中,25% 的被调查者消费低于 30 元,50% 被调查者消费低于 76 元,25% 被调查者消费高于 200 元。

表 3-17　餐饮消费数据分布情况表　　　　　　　　　　　　　　单位:元/%

均值	中值	偏度	峰度	全距	百分位数		
					25%	50%	75%
132.84	76.00	2.76	9.26	998	30	76	200

旅游中的餐饮消费是很重要的一个部分,从图 3-21 和表 3-18 的餐饮消费数据分布情况来看,46.91% 的消费群体的餐饮消费低于 50 元。之所以消费水平低,原因在于花都旅游业整体的餐饮市场发展落后,无论是经营观念、服务质量,还是品种、价格和卫生等都有待进一步完善。

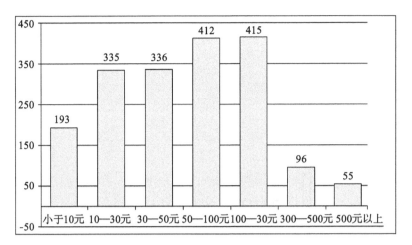

图 3-21 游客餐饮消费情况分布图

表 3-18 游客餐饮消费支出及占比

消费支出	小于 10 元	10—30 元	30—50 元	50—100 元	100—300 元	300—500 元	500 元以上
占比	10.48%	18.19%	18.24%	22.37%	22.53%	5.21%	2.99%

统计表明,赴花都区旅游的散客餐饮消费金额在 100—500 元的占有效问卷总数的 27.74%,这一比例表明,花都区高端餐饮消费有客观的潜在受众群体,是餐饮业拓展和提甚的重点客户群体。如果花都旅游部门能够着力解决餐饮市场存在的问题,相信餐饮消费也能为花都旅游业带来比较理想的收益。

2) 住宿消费

在住宿消费方面(见表 3-19),赴花都区旅游的国内游客中的散客平均住宿消费是 88.10 元,至少 50% 的游客其住宿花费为零,这主要是由于赴花都区旅游的国内游客大多数来源于广东本省,大量出行者选择当日往返,不留宿。此外,游客住宿消费整体差异性和消费支出跨度较大,最高消费支出金额达 4000 元,最低消费为零。

表 3-19 散客住宿消费数据分布情况表　　　　　　　　　　　　　　　单位:元/%

均值	中值	偏度	峰度	全距	百分位数		
					25	50	75
88.10	0.00	6.86	68.59	4000	0	0	100

住宿消费大于零的游客中,平均住宿消费金额为 300.38 元,其中,50% 的游客消费低于 200 元。从图 3-22 所示的游客住宿消费整体分布情况来看,大部分游客倾向于选择"性价比"较高的经济型酒店和民宿等,极少数游客选择高档酒店。

3) 交通消费

赴花都区旅游的国内游客中的散客出行的平均交通消费是 83.04 元,其中有 25% 的游客交通消费低于 20 元,50% 的游客交通消费低于 50 元,25% 的游客交通消费高于 100 元,如表 3-20 所示。

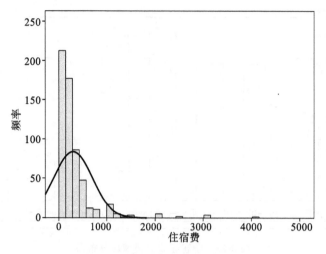

图 3-22　非零住宿消费情况分布直方图(单位:元/人次)

表 3-20　散客交通消费数据分布情况表　　　　　　　　　　　　　　单位:元/%

均值	中值	偏度	峰度	全距	百分位数		
					25%	50%	25%
83.04	50.00	2.67	8.67	899	20	50	100

从图 3-23 所示的交通消费金额分布情况来看,数据分布形式正偏、厚尾,且低消费频段分布密集。表明游客在花都区内的交通消费普遍较低,人均花费主要集中在 100 元以下,这是由于赴花都区旅游的游客大多是以观光、游览和休闲、度假为主,他们选择的交通方式大多是自驾车、公共交通和客运汽车。

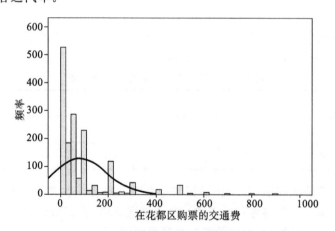

图 3-23　散客交通消费分布直方图(单位:元/人次)

4) 景区消费

在景区消费方面(见图 3-24 和表 3-21),赴花都区旅游的国内游客中的散客出行的平均消费是 41.42 元,有 1108 位受访游客选择不消费(即选择不进入收费景区游玩),占 55.76%。

在选择景区门票消费者中,消费低于 20 元的受访者共 211 人,占比 10.62%;消费在 20—50 元之间的受访者 189 人,占比 9.51%;消费在 50—100 元之间的受访者 169 人,仅占

8.51%。这是由于花都地区收费景点高、品质旅游资源不多,旅游产品以观光为主,缺少竞争力强的品牌产品,普遍知名度不高,所以更多的游客会选择价位较低或者零门票的旅游景区。

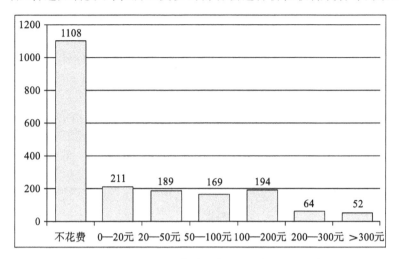

图 3-24　景区门票消费对比分析图(单位:元/人次)

表 3-21　景区门票费及占比情况

景区门票费	不花费	0—20 元	20—50 元	50—100 元	100—200 元	200—300 元	>300 元
占比	55.76%	10.62%	9.51%	8.51%	9.76%	3.22%	2.62%

5) 娱乐消费

在娱乐消费方面(见图 3-25 和表 3-22),受访的游客中有 1423 位没有进行任何娱乐消费,占比 59.99%,这与游客的旅游目的和出游同伴关系密切。

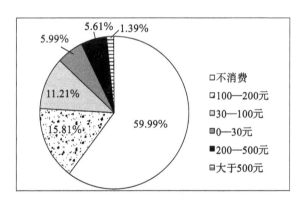

图 3-25　游客娱乐消费情况示意图(单位:元/人次)

表 3-22　游客娱乐消费及频数

娱乐消费	不消费	0—30 元	30—100 元	100—200 元	200—500 元	大于 500 元	总计
频数	1423	142	266	375	133	33	2372

由于赴花都区旅游的游客以省内游客为主,主要来自与花都区距离较近的周边地区,如广州市内各区、清远市、佛山市等,旅游目的主要是观光休闲,娱乐消费欲望相对较小,属于安乐

小康型游客,喜欢选择旅游基础设施完善和发展成熟的旅游产品,以放松和休息为主的熟悉的旅游目的地,故多数游客的娱乐消费倾向几乎为零。

在具有娱乐消费的群体中,142位受访游客选择人均娱乐消费在0—30元区间,占比5.99%,266名受访游客选择人均消费在30—100元区间,占比11.21%,选择娱乐消费在100—200元区间的游客共375人,占15.81%。赴花都区旅游的国内游客中散客的平均娱乐消费是60.68元。

6) 购物消费

从游客购物支出的统计分析看(见表3-23),受访游客的平均购物支出为104.05元,有25%受访游客购物消费低于50元,50%受访游客消费低于100元,25%受访游客消费支出高于200元。

表3-23 购物消费数据分布情况表　　　　　　　　　　　　　　　　单位:元/%

均值	中值	偏度	峰度	全距	百分位数		
					25%	50%	25%
162.34	100.00	2.52	6.88	999.00	50	100	200

在购物消费方面,有效应答受访者中共有1505人选择不进行购物消费,占63.10%。这是由于赴花都区旅游的游客主要来自与花都区地理距离较近的周边地区,以休闲度假为主,而本项目调研期间正值国庆节放假之后,花都的土特产如文冈芋头、荔枝、龙眼等这些具有较强季节性的产品还没有上市,另外,花都的玉石、灰塑等工艺品欣赏性较强,价格较高,一般的游客不一定会购买。

7) 其他消费

在2503位受访游客中,有1951位游客的旅游消费主要集中在吃、住、行、游、娱、购六方面,没有其他消费,这一比例占到77.95%。另外22.05%的552位游客有其他零星消费,其人均消费为48.40元(见图3-26)。

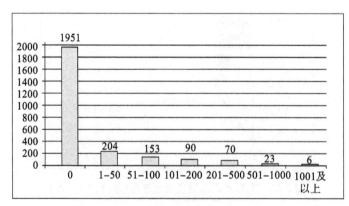

图3-26　游客其他消费情况示意图

2. 团体消费

在受访的2503位游客中,仅有131位(占比5.23%)填写了参团游客消费部分的调查问卷项目,这与前面分析的旅游组织方式的调研结果相吻合(赴花都区旅游的国内游客出游方式主要是自助游,占78.51%,另外,单位组织的占10.71%,参团旅游的占7.07%,半自助游的占3.40%),即赴花都区旅游的国内游客以散客为主,参团游客较少。131位参团游客的人均旅游花费为1151.30元,人均报团费用为344.60元,占了29.93%,餐饮(含食品饮料)花费为138.20元,占比12.00%,娱乐消费250.80元,占比21.78%,购物费用为182.10元,占比15.82%,其他消费235.60元,占比20.41%,如图3-27所示。

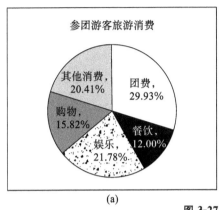
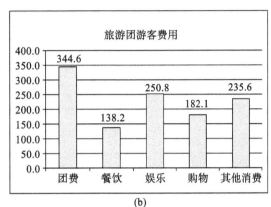

图3-27 旅游团游客消费情况

(八)景区(点)知名度

旅游地知名度是指旅游者(含潜在旅游者)对该旅游地的了解、识别与记忆的程度,以50%为分界线,超过者为高知名度景区,反之为低知名度景区。花都区旅游景区(点)知名度情况如图3-28所示。

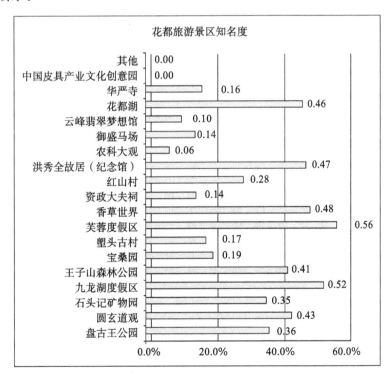

图3-28 花都旅游景区(点)知名度

花都绝大多数景区(点)的知名度都不高。由图3-28可知,在受访的2503位游客中,知晓九龙湖度假区和芙蓉度假区的分别有52%和56%,知晓度相对较高,而知晓香草世界、洪秀全故居、花都湖和圆玄道观的游客分别为48%、47%、46%、43%,其他景区知晓度相对较低,知晓度最低的是农科大观，仅有6%的游客知晓。

（九）旅游接待评价

在对花都旅游接待评价的调查中，问卷设置了11个评价项目，分别是住宿设施、餐饮设施、交通设施、娱乐设施、购物设施、景区景点、环境卫生、服务态度、居民态度、咨询服务、总体评价。调查采用"非常满意""满意""一般""不满意""非常不满意"五个等级进行评价，其调查结果如表3-24及图3-29所示。

表3-24 花都旅游接待评价表

评价项目	非常满意		满意		一般		不满意		非常不满意	
	n	%	n	%	n	%	n	%	n	%
住宿设施	341	13.62	1100	43.95	848	33.88	125	4.99	41	1.64
餐饮设施	345	13.78	1093	43.67	861	34.40	151	6.03	36	1.44
交通设施	304	12.15	879	35.12	937	37.44	301	12.03	66	2.64
娱乐设施	322	12.86	985	39.35	947	37.83	186	7.43	44	1.76
购物设施	303	12.11	941	37.59	953	38.07	257	10.27	46	1.84
景区景点	488	19.50	1175	46.94	616	24.61	148	5.91	65	2.60
环境卫生	426	17.02	1019	40.71	765	30.56	222	8.87	51	2.04
服务态度	421	16.82	1079	43.11	782	31.24	147	5.87	58	2.32
居民态度	398	15.90	1146	45.79	742	29.64	152	6.07	43	1.72
咨询服务	386	15.42	1117	44.63	761	30.40	179	7.15	41	1.64
总体评价	361	14.42	1199	47.90	726	29.01	157	6.27	42	1.68

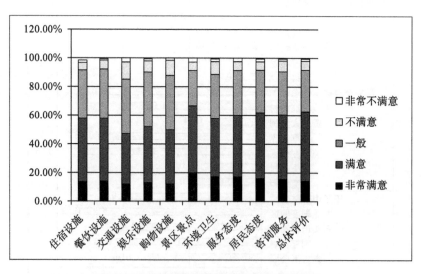

图3-29 花都旅游接待总体评价统计示意图

1. 住宿设施

在住宿设施方面，"非常满意"的有341人，占受访人数的13.62%，"满意"的有1100人，占受访人数的43.95%，以上两项合计占受访人数的57.57%。如果加上33.88%认为"一般"的游客，则满意度在"一般"及以上水平的游客占到了91.45%。这表明赴花都区旅游的国内游客对花都住宿接待设施比较满意。

2. 餐饮设施

餐饮设施方面,受访游客对花都餐饮接待设施的评价也比较理想。"非常满意"和"满意"的游客占到了57.45%,加上34.40%认为餐饮设施"一般"的游客,合计有91.85%的游客对花都区旅游餐饮接待设施满意度在"一般"及以上水平。

3. 交通设施

交通设施方面,有304位游客"非常满意"景区交通设施,占比12.15%,879位游客表示"满意",占比35.12%,加上37.44%表示"一般"的游客,三者合计其满意度在"一般"以上的有84.71%,表明只有一小部分游客认为花都交通设施不理想。

4. 娱乐设施

娱乐设施方面,认为"非常满意"的有322人,占受访人数的12.86%;认为"满意"的有985人,占受访人数的39.35%;认为"一般"的游客有947人,占比37.83%。三项合计表示满意度在"一般"及以上共有90.04%,即大多数游客认为娱乐设施尚可。

5. 购物设施

在购物设施方面"非常满意"的有303人,占12.11%;有941位占比37.59%的游客表示"满意",加上38.07%评价为"一般"的游客,因此,87.77%的游客认为花都旅游购物设施的满意度在"一般"及以上水平。

6. 景区景点

在景区景点方面,"非常满意"的游客有488位,占比19.50%,"满意"的游客有1175位,占比46.94%,满意度为"一般"的游客有616位,占比24.61%,即有91.05%的游客对花都的景区景点给予了"一般"及以上的评价。

7. 环境卫生

环境卫生方面,认为"非常满意"的占比17.02%,认为"比较满意"的占比40.71%,认为"一般"的游客占比30.56%,总体来看,有88.29%的游客对环境卫生的评价为"一般"及以上水平。

8. 服务态度

服务态度方面,仅有5.87%的游客评价为"不满意",另有2.32%的游客评价为"非常不满意",表明90%以上的游客还是比较认可花都旅游的服务态度的。

9. 居民态度

当地居民对游客的态度在很大程度上影响游客重游的可能性。赴花都区旅游的国内游客认为花都居民的态度在他们可接受的范围内,而感觉当地居民可接触性较差的比例不到8%。

10. 咨询服务

咨询服务方面的水平反映当地旅游发展的成熟程度。90.45%的游客对花都旅游咨询服务满意度在"一般"以上。

11. 总体评价

赴花都区旅游的国内游客对花都旅游的总体评价为一般,"非常满意"的占14.42%,"满意"的占47.90%,29.01%的游客评价为"一般",三者合计为91.33%。

根据2012年全国游客满意度调查报告,游客对各旅游要素打分从高到低依次是居民友好程度77.25分、市容市貌77.09分、文明程度76.96分、导游和领队76.28分、旅行社76.24分、安全感76.07分、文娱76.05分、机场75.78分、景区75.68分、生态气候75.50分、住宿

75.04 分、开放程度 74.92 分、餐饮 74.84 分、步行道 74.76 分、火车站 74.26 分、购物 73.93 分、政府网站 73.92 分、长途车船 73.85 分、交通标识 73.76 分、信息咨询 73.73 分、交通道路 73.69 分、应急管理 73.60 分、公交车和汽车站 73.56 分、出租车 73.36 分、市场秩序 73.09 分、卫生管理和公共厕所 72.77 分、价格 72.33 分、质监投诉 71.42 分。

本次调研问卷对"花都旅游接待的评价"中每项指标都设置"非常满意""满意""一般""不满意"和"非常不满意"5 个选项,统计时分别按照 5、4、3、2、1 分记分,满分为 5 分,将问卷最后得分折算成百分制,各项评价指标得分从高到低依次为景区景点 75.03 分(全国景区 75.68 分)、居民态度 73.74 分(全国居民友好程度 77.25 分)、服务态度 73.33 分、咨询服务 73.11 分(全国信息咨询 73.73 分)、住宿设施 72.83 分(全国住宿 75.04 分)、餐饮设施 72.55 分(全国餐饮 74.84 分)、环境卫生 72.46 分(全国卫生管理和公共厕所 72.77 分)、娱乐设施 70.91 分(全国文娱 76.05 分)、购物设施 69.54 分(全国购物 73.93 分)、交通设施 68.48 分(全国交通标识 73.76 分),总体评价为 73.52 分。尽管两者调查的指标并没有完全匹配,但经相似指标比较可知,花都游客对各旅游要素满意度均略低于全国平均水平。其中,景区景点、咨询服务和环境卫生三项指标与全国平均水平基本持平,居民态度、住宿设施和餐饮设施三项指标仍然存在一定差距亟待改善,购物设施、交通设施和娱乐设施三项指标则远远落后于全国平均水平,这也是在调研过程中游客意见和抱怨最多的指标,构成制约花都旅游进一步发展的三大因素。

(十)旅游总体印象

为了掌握花都旅游在游客心目中的总体形象,本调研根据花都旅游的现实情况,列举了包括"国际空港门户""幸福宜居新城""南国花卉之都""汽车产业基地""广州山水之城""皮革皮具珠宝之都""美丽新城""其他"等 8 个具有代表性的概述性形象描述,如图 3-30 所示。

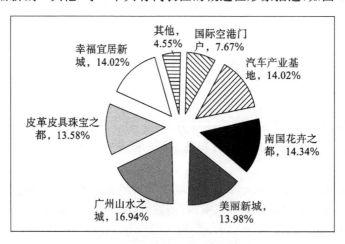

图 3-30　游客对花都旅游形象的整体感觉

在 2503 位受访游客中,选择"国际空港门户"的人数有 192 人,占受访人数的 7.67%;选择"汽车产业基地"的人数有 351 人,占受访人数的 14.02%;选择"南国花卉之都"的人数有 359 人,占受访人数的 14.34%;选择"美丽新城"的人数有 350 人,占受访人数的 13.98%;选择"广州山水之城"的人数有 424 人,占受访人数的 16.94%;选择"皮革皮具珠宝之都"的人数有 340 人,占受访人数的 13.58%;选择"幸福宜居新城"的人数有 351 人,占受访人数的 14.02%,选择"其他"的占 4.55%。

从调研结果来看,在游客心目中,花都旅游整体上没有一个比较突出的印象。另外,对在调查中选择"其他"选项的游客进行分析,发现34.80%游客写出的答案是"没感觉",这些现象都指向同一个问题,那就是花都旅游整体形象感知不突出,比较模糊,在游客心目中还没有形成一个明确的、趋于完整的统一旅游形象。

四、教学指导说明

(一) 教学目的与用途

(1) 教学目的:①深刻理解旅游市场营销调研的内涵、类型、内容、步骤、方法和技术;②懂得如何细分和识别不同类型的旅游者;③学会如何根据一定的变量来细分旅游者市场;④从旅游消费需求入手,讨论旅游消费者需求的主要特征,并进一步分析由旅游需求而产生的旅游购买动机及心理;⑤掌握通过市场定位策略制定旅游目标市场营销战略;⑥理解如何提升游客满意度的策略;⑦讨论旅游目的地形象塑造。

(2) 教学用途:适用于《旅游市场营销》《市场调查与分析》《旅游企业管理》等课程的教学。

(二) 案例分析思考题

(1) 旅游市场调查有哪些作用?本案例是如何体现这些作用的?

(2) 一个完整的统计调查方案应包括哪几方面的内容?请以本案例加以分析。

(3) 一份完整的旅游调查问卷一般由哪几个方面组成?请以本案例加以分析。

(4) 编排旅游调查问卷有哪些技巧?你认为本案例设计的调查问卷需要从哪几方面修改和完善?

(5) 问询法与现场法会带来被调查者掩饰、改变行为等反应性问题,如何克服?

(6) 根据赴广州市花都区旅游的国内游客基本特征,分析影响旅游者人数的因素。

(7) 根据赴广州市花都区旅游的国内游客人口统计因素,分析旅游者消费行为。

(8) 请你根据案例提供的数据,为作为旅游目的地广州市花都区确定目标市场。

(9) 你认为赴广州市花都区旅游的国内游客旅游消费偏好具有什么特征?请运用SWOT方法分析其潜在的机遇和挑战,并制定一份相关的营销策划方案。

(10) 你认为本案例在提升游客满意度方面需要从哪些方面改进。

(11) 请你为广州市花都区进行旅游目的地形象策划。

(三) 背景信息

(1) 本案例只选择了《广州市花都区旅游基本情况调查与分析》中的一部分内容。《广州市花都区旅游基本情况调查与分析》是广州市花都区旅游局委托的重点项目。

(2) 《广州市花都区旅游基本情况调查与分析》是团队合作的成果,团队成员包括冷汗青、王思佳、李丽君、廖明旗、沈晓春、王文靓、臧义升、杜俊瑶、呼建婷、范博文。

(四) 关键要点

(1) 旅游市场营销调研的内涵、类型、内容、步骤、方法和技术。

(2) 根据一定的变量细分旅游者市场,并从旅游消费需求入手,分析旅游消费者需求的主要特征。

(3) 细分和识别不同类型的旅游者,在明确市场定位策略的基础上确定旅游目标市场营销战略。

(4) 如何开展旅游目的地形象塑造,提升游客满意度。

五、建议课堂计划

(1) 授课形式：分组案例讨论，组织案例竞赛，撰写策划方案。
(2) 授课时数：根据教学的具体情况安排。
(3) 课后作业：选择一个旅游目的地，确定一项旅游消费行为开展实地调研，并撰写调研报告。

（张韵君）

附录：

广州市花都区游客旅游消费偏好基本情况调查问卷

亲爱的游客朋友：

您好！我们正在进行一项有关花都区旅游基本情况的调研活动，主要是为政府优化旅游环境和出台相关政策服务。本调研不记名，非常感谢您的支持和积极参与！

01. 您来自：
□_____省（自治区、直辖市）□_____市（区、县）

02. 您的性别：　　　　　　　□男　　　　　　　□女

03. 您的年龄：
□14岁及以下　　□15—24岁　　□25—44岁　　□45—64岁　　□65岁及以上

04. 您的职业：
□工人　　□农民　　□军人　　□学生　　□个体户
□公务员　　□企事业员工　　□离退休人员　　□专业人员（律师、医生、教师等）
□其他

05. 您的文化程度：
□初中及以下　　□高中或中专　　□本科或大专　　□硕士及以上

06. 您是第几次来花都旅游：
□第1次　　□第2次　　□第3次　　□第4次　　□4次以上

07. 您本次来花都区主要是（可多选）：
□休闲/度假　　□观光/游览　　□文化/体育/科技交流　　□商务/会议/培训
□健康/疗养　　□探亲/访友　　□其他_____

08. 您本次来花都旅游是：
□单位组织　　□参团旅游　　□自助式旅游　　□半自助式旅游（代订酒店）

09. 您本次来花都旅游的同行人数有：
□独自出游　　□2人　　□3人　　□4人及以上

10. 您本次来花都旅游的同伴主要是：
□独自出游　　□同事　　□朋友　　□家人　　□同学
□客户　　□其他_____

11. 您本次来花都乘坐的交通工具主要是：
□地铁、公交　　□客运汽车　　□普通火车　　□高速列车　　□飞机　　□自驾车

12. 您本次来花都是：　　□一日游　　□停留（　）天

13. 您本次在花都旅游住在：
□亲友家　　　　□民宿　　　　□经济型酒店（商务酒店）　　□1—2星级酒店
□3星级酒店　　□4—5星级酒店　□其他_____

14. 您比较感兴趣的休闲活动是（可多选）：
□游览观光　　　□参观博物馆　□科教活动　　□品尝美食　　□欣赏岭南建筑
□野炊露营　　　□农家乐　　　□户外拓展　　□骑自行车　　□KTV、文化表演
□徒步远足　　　□登山　　　　□游船、游艇　□节庆活动　　□朝拜礼佛活动
□游乐园、主题公园　　　　　　　　　　　　 □洗浴、桑拿、沐足
□高尔夫、网球、羽毛球等球类活动　　　　　 □其他_____

15. 您获知花都及其旅游景区（点）主要通过什么途径（可多选）：
□亲友介绍　　　□广播电视　　□互联网　　　□旅行社　　　□报纸/杂志/书籍
□旅游宣传册　　□其他_____

16. 您所知道的花都旅游景区景点有哪些（可多选）：
□盘古王公园　　　　　　　□圆玄道观　　　　　　□石头记矿物园
□九龙湖度假区　　　　　　□王子山森林公园　　　□宝桑园
□塱头古村　　　　　　　　□芙蓉度假区　　　　　□香草世界
□资政大夫祠　　　　　　　□红山村　　　　　　　□洪秀全故居（纪念馆）
□农科大观　　　　　　　　□御盛马场　　　　　　□云峰翡翠梦想馆
□花都湖　　　　　　　　　□华严寺
□中国皮具产业文化创意园　　　　　　　　　　　 □其他_____

17. 您对花都旅游形象的整体感觉是：
□国际空港门户　　□幸福宜居新城　　　□南国花卉之都　　□汽车产业基地
□广州山水之城　　□皮革皮具珠宝之都　□美丽新城　　　　□其他_____

18. 您本次在花都旅游的人均花费情况如何？
（1）假如您是散客，请回答下面内容：
在花都区购票的交通费（　　　）元；　　住宿费（　　　）元；
餐饮（含食品饮料）费（　　　）元；　　旅游景区门票（　　　）元；
娱乐（　　　）元；　　　　　　　　　　购物（非食品饮料）（　　　）元；
其他消费（　　　）元。

（2）假如您是参加旅行团，请回答下面内容：
报团费用（　　　）元；　　　　　　　　餐饮（含食品饮料）费（　　　）元；
娱乐（　　　）元；　　　　　　　　　　购物（非食品饮料）（　　　）元；
其他消费（　　　）元。

19. 您对花都旅游接待的评价是：

	非常满意	满意	一般	不满意	非常不满意
住宿设施	□	□	□	□	□
餐饮设施	□	□	□	□	□
交通设施	□	□	□	□	□
娱乐设施	□	□	□	□	□
购物设施	□	□	□	□	□
景区景点	□	□	□	□	□

环境卫生	☐	☐	☐	☐	☐
服务态度	☐	☐	☐	☐	☐
居民态度	☐	☐	☐	☐	☐
咨询服务	☐	☐	☐	☐	☐
总体评价	☐	☐	☐	☐	☐

20. 对花都旅游今后的发展和建设有什么意见和建议？

_____

_____

我们的调查结束了，再次向您表示感谢！

以下由调查员填写：

样本编码：☐☐☐☐☐☐☐☐

调查地点： 　　　　　　　　　　调查时间： 　　年　　月　　日

督导员： 　　　　　　　　　　　调查员：

第四章 居民参与案例分析

旅游景区的经营管理离不开原居民的参与与支持，良好的参与互动关系，有助于景区形成产业生态，形成互动共生关系，离开原居民参与的"飞地型"景区，经营管理和产业配套方面将存在诸多问题，特别是人文类型景区开发更是如此。本章选取旅游古镇地方依恋和乡村旅游地社区参与感知案例分析，深入探讨居民参与问题。

第一节 旅游古镇地方依恋案例分析

现阶段，我国历史文化古镇在旅游发展中产品同质化现象较为明显，历史文化的活化利用不足，同时在旅游古镇开发、保护与社区居民生活环境的改善等方面存在一定的矛盾冲突，如何有效地改善这些问题对古镇旅游可持续发展有着重要影响。为了进行旅游开发，一些历史村镇对社区居民进行了外迁安置，在一定程度上造成了居民与原住环境间的情感联结关系被强行割裂，由此产生的特殊的人地关系现象和社会心理问题尚未引起学界足够重视。在实际旅游古镇开发进程中，也往往忽视了古镇居民地方依恋对古镇资源保护和旅游开发的态度影响，仅从利益相关者等视角去激发居民在旅游开发中的参与，因此，有必要深入分析古镇旅游发展中社区居民的地方依恋程度以及对旅游开发和环境保护的内在联系。

一、案例分析

濯水古镇在2014年被评为国家级历史文化名镇，其街巷格局保留较为完整，古镇文化积淀丰厚，码头文化、商贾文化、场镇文化以及丰富多彩的文化艺术遗存相互交织。非物质文化遗产后河古戏与西兰卡普、雕刻等民间工艺交相辉映，形成了濯水独特的地方文化。濯水古镇在一定程度上可以作为西南民族地区历史文化古镇发展的代表之一，因此选取该地作为案例分析对象，以起到对同类型古镇旅游开发的启示。

（一）理论基础

人地关系一直是现代众多学科长期关注的话题。20世纪50年代，地方感研究对"地方与人之间存在的一种特殊的依恋关系"这一客观现象理论深化。1974年，Tuan最先提出"恋地情结"这一概念，后在Williams和Roggenbuck两位学者的研究中，又在"恋地情结"的基础上提出了"地方依恋"的概念。1992年，Williams提出了"地方依恋"的理论框架，即"地方依恋"

由"地方依赖"和"地方认同"两个维度构成。"地方依赖"是一种功能性依附,指一个地方的环境、基础设施、交通可达性、景观资源等能满足用户的特定需求;"地方认同"则是一种精神层面的依附,是个体对客观环境产生的想法,并借由个体的态度、信仰、爱好、满足感、价值观和行为等方面的结合,达到对于该地方的情感依恋与归属感。"地方依恋"成为国内近几年旅游研究的热点,但大多是偏向对旅游者的地方依恋探究,从消费市场角度关注旅游经济的增长,一定程度上忽视了旅游地居民的依恋情感。进行社区居民地方依恋研究有利于从内部改善旅游古镇开发和保护的相关问题,从非物质激励方式去改善居民对古镇旅游发展态度和民俗文化及环境保护。

(二)濯水古镇旅游发展背景

对案例的旅游开发定位和发展概况进行必要性介绍,了解是否符合居民对旅游发展的期望。

濯水古镇按照老街的原貌和历史文化渊源进行整体规划,遵循"修旧如旧,又高于旧"的原则进行修复、重建。对公用房屋或土地,由开发商按照老城规划修建开发。对街道上老百姓的住房,由政府出资修复或重建,内装修自己负责,产权归原主,较好地解决了保护与开发中的某些利益冲突。古镇总体布局呈现出"三大主题,四大节点"。"三大主题"即自南向北分别设置了"戏曲文化、地域历史文化、商业文化"主题;"四大节点"即入口广场、明清建筑、龚家大院和芭茅岛。整条街的建筑风格以戏楼为吸引点,以老街段为观光点,以芭茅岛为驻足点,由南向北逐渐渗透现代风格,成为融水乡特色与现代于一体的特色街。目前正全力创建国家5A级景区,意在打造一个集旅游、休闲、娱乐、生态等多功能为一体的旅游休闲场所。

(三)濯水古镇地方性构成

地方性构成是地方性的集中体现,为地方向居民赋予了特定的功能性依靠和情感指向,即地方依恋的载体。

1. 古镇民俗文化

濯水古镇兴起于唐代,兴盛于宋朝,明清以后逐渐衰落。濯水自古以来便是重要的驿站和商埠,自清代后期起,该地便已成为川东南驿道、商道、盐道的必经之路。商贸的日益发达,迅速促进了当地与外界的物资交流,创造了最为繁荣昌盛的历史,为濯水古镇留下了众多的文化古迹和乡土文化遗产,土家文化、濯商文化、诚信文化、家族文化、场镇文化和码头文化等在这里的交织,形成了濯水古镇独特的民俗文化风情。

2. 古镇建筑

作为重庆旧城老街的典型,濯水古镇街巷格局保留较为完整,具有浓郁的渝东南古镇格局。濯水古镇建筑群的最大特点是土家族吊脚楼和徽派建筑的完美结合。最具代表的土家吊脚楼群,承载着巴文化、土家文化和汉文化的融合、传承与创新。濯水古镇具有7个代表性的院落,由"樊、汪、龚、余"四大家族留下,分别为烟房钱庄、汪家作坊、汪本善旧居、濯河坝讲堂、龚家抱厅、光顺号、八贤堂。它们皆坐落于古镇老街之上,既有各自独特的历史故事和个性魅力,又共同反映了濯水古镇的民俗文化底蕴。

3. 民俗节庆

作为土家族聚居地,濯水古镇完好地保留了土家族的传统文化。土家族人几千年来形成了独特的生活方式、社会习俗。民俗活动有古朴的后河古戏、傩戏、哭嫁、八宝铜铃舞、板凳龙舞、毛古斯舞等;濯水龙舟赛、土家女儿会、摸秋节等节庆都保留了原始而淳朴的民俗风情。

4. 传统工艺和美食

作为土家族聚居地，濯水古镇完好地保留了土家族的传统工艺和地域美食。土家蜡染、西兰卡普、民间绘画、手工艺品等，反映出浓郁的土家特色，而古镇特色美食濯水绿豆粉、山货、酒品等种类丰富、味道鲜美。

（四）濯水古镇居民的地方依恋程度测评

为了客观分析濯水古镇居民的地方依恋及对旅游发展的态度，有必要进行实地调研和数据分析。

1. 问卷设计及调查过程

参考 Williams 和唐文跃等学者的地方依恋测量理论和具体测量指标，结合濯水古镇的实际情况设计了 12 个测评指标，其中地方依恋的两个维度"地方依赖"和"地方认同"有 7 项，居民对"旅游发展与环境保护的态度"有 5 项。其中主要运用李克特量表进行调查统计，形成从 1（代表"非常不同意"）到 5（代表"完全同意"）的感知程度。此外，问卷还统计了居民的社会统计学特征、居住时长和旅游发展参与程度，充分反映不同群体的地方依恋感知及旅游发展看法。

本次调查于 2018 年 4 月 20 日至 25 日对濯水古镇居民区、古镇老街的商业店铺进行了调研，共发放问卷 110 份，其中回收问卷 100 份，回收率 90.9%；有效问卷 98 份，有效率 89%。运用 SPSS20.0 进行数据的整理及统计分析。

2. 数据分析

1）人口统计特征

人口统计特征如表 4-1 所示。

表 4-1　样本的人口统计特征表

社会特征	类别	比例/(%)	社会特征	类别	比例/(%)
性别	男	53.06%	职业类型	学生	24.49%
	女	46.94%		农民	13.27%
年龄	18 岁以下	11.22%		工人	5.1%
	18—24 岁	25.51%		个体旅游经营者	14.29%
	25—35 岁	18.37%		企事业普通员工	12.24%
	36—45 岁	19.39%		旅游公司职员	13.27%
	56 岁以上	8.16%		其他	17.35%
居住时长	5 年以下	14.29%	教育水平	小学	18.37%
	5—10 年	22.45%		初中	16.33%
	10—20 年	18.37%		高中及中专	31.63%
	20 年以上	44.90%		本科及大专	32.65%
本人及家人是否参与旅游工作	是	60.2%		其他	1.02%
	否	39.8%			

受访居民中男性 52 名，占 53.06%，女性 46 名，占 46.94%，男女比例差别不大。从年龄上看，被调查的居民以 18—55 岁的中青年为主，占到了居民总数的 80.62%，18 岁以下的居民占 11.22%；56 岁及以上的占 8.16%，基本能够反映社区的年龄构成。从受教育程度来看，小

学及其他占 19.39%,初中文化的占 16.33%,高中及中专文化程度占 31.63%,本科及大专文化水平的占 32.65%,居民整体文化水平为高中以上。从职业上看,古镇居民职业类型多样,学生占 24.49%,企事业工作人员占 12.24%,个体旅游经营者占 14.29%,农民占 13.27%,工人占 5.1%,旅游公司职员占 13.27%,其他占 17.35%。44.9% 的居民在此地居住超过 20 年,居住 10—20 年的达到 18.37%,说明濯水古镇主要还是老住户居多,且受访居民及家人在旅游发展中的参与比例达到 60.2%,伴随着整个地方旅游发展的历程。

2) 居民地方依恋变量均值

居民地方依恋变量均值如表 4-2 所示。

表 4-2 居民地方依恋变量均值

居民地方依恋	变量	均值
地方依赖	A1 您认为这里比其他地方更适合居住吗	4.12
	A2 您认为在这里生活比其他地方更能令您满意吗	3.81
	A3 在这里生活给您提供了其他地方无法提供的生活条件吗	3.23
地方认同	A4 您觉得您离不开这个地方和这里的人吗	3.92
	A5 除非外出办事,平时您更喜欢待在这里吗	3.87
	A6 您对这里的喜欢程度胜过任何其他地方吗	3.51
	A7 出门在外时您经常想起这个地方吗	4.04

以上两个维度 7 项变量的克朗巴哈 α 系数为 0.8959,说明内在信度系数非常高。从均值可以看出,濯水古镇社区居民对大部分变量感知是存在较为明显的正向依赖和认同的,其中 A1 和 A7 两项均值达到了 4.12 和 4.04,整体上体现出当地居民对濯水古镇生活上的环境依赖和情感上的高度认同。但也存在一些问题,A3 说明居民认为古镇的生活条件较为一般,其依赖性感知不是十分明显,A6 对当地的喜欢程度也不是很高,古镇居民的地方认同感还有待深化。

3) 旅游发展和环境保护态度

旅游发展和环境保护态度如表 4-3 所示。

表 4-3 旅游发展和环境保护态度

旅游发展态度和环境保护	均值
B1 濯水古镇发展旅游业对居民生活影响	4.01
B2 居民直接的经济受益程度	3.49
B3 旅游发展与居民期望相符程度	3.28
B4 旅游发展的支持度	4.19
B5 古镇环境及文化保护认知	4.04

旅游发展态度 5 个变量克朗巴哈 α 系数达到 0.9978,在对旅游态度的调查上真实反映了实际情况。濯水居民对旅游发展态度总体上正向感知程度较高,其中 B1、B4、B5 均值高出 4.00,非常认可当地旅游发展对当地生活环境的正面导向作用,旅游支持度非常高,同时能够意识到对当地环境和文化遗存的保护。但也有部分居民对旅游发展并不是很认可,认为从中获益不多。

4）地方依恋和旅游发展态度差异性分析

居民的地方依恋和发展态度群体差异主要体现在居住时间和年龄这两项特征差异上，20年以上的老住户对地方的功能性依赖和情感认可度更高，且对地方旅游发展影响的正向感知和旅游支持度更明显一些。同样，年龄越大的居民对古镇体现出来的乡土情结更为强烈，更为关心濯水古镇未来的旅游发展走向。

5）地方依恋对旅游发展态度的影响

通过工具变量回归分析得出，地方依恋对旅游发展态度的影响较为明显（$p<0.05$），依恋程度和旅游发展的态度是呈正相关关系。表明研究地方依恋的感知程度对旅游发展重居民的支持程度，环境保护意识等有着重要的作用。

3. 结论

1）居民的地方依恋对旅游发展和环境保护态度有显著的正向影响

地方依恋感越强的社区居民，对古镇旅游开发中文化遗产的保护认知和旅游发展的要求更高，社区居民希望通过旅游发展能把当地各类基础设施条件修缮得更好，同时将古镇建筑及文化遗存进行更好的保护。

2）居民对古镇的依恋程度不同

旅游社区发展中，外来人员涌入并参与旅游开发，在濯水古镇的居住时间相对较短，这类非原住民的地方依恋主要体现为一种功能性依赖，例如经商或就业需要，其地方认同感相对不明显，居住时间较短的居民更多处于经济目的，更加关注社区旅游业的发展动向，对文化的关注度不高。另外，年轻的社区原住民其地方依恋程度也相对不高，地方民俗文化意识薄弱，对生活环境的更高要求和情感意识上的需求使得他们对古镇的依恋性不强。

3）重视居民地方依恋对旅游发展的影响

古镇对居民不仅仅是居住方面的功能载体，还具有情感维度上的指向，居民的这种情感依恋是古镇旅游保护、开发与管理中必须考虑的因素，因而需要激发社区居民尤其是年轻人的地方依恋，进一步提升对古镇民俗文化的认同、环境保护以及旅游发展的参与。

总体来说，古镇居民与其居住地之间存在一定的情感依恋关系，地方依恋是古镇中客观存在的一种人地关系现象。古镇居民的地方依恋主要由地方依赖和地方认同两个维度构成，居民对古镇的地方依恋主要来源于对古镇的情感性依恋，当地原住居民对古镇的情感性依恋要明显大于功能性依恋。时间是居民地方依恋形成的主要影响因素，经过不断的积淀使居民产生较强地方依恋。其中，地方依赖主要受居民从古镇旅游发展中获得的经济收益大小的影响，而地方认同主要受居民在古镇中生活居住时间和原住民的影响，增强古镇居民地方依恋的重要途径是提高居民的地方依赖，同时加深居民的地方认同。在古镇的保护、开发与管理中，必须考虑居民的这种情感因素的影响。古镇居民的地方依恋对其资源保护态度有重要的影响。因此，在旅游开发研究中，将居民地方依恋作为古镇旅游地中的特殊的人地关系现象和科学问题加以分析，深入认识地方依恋的本质特征及其在旅游开发的背景下的演变规律，有利于进一步明确和发挥居民地方依恋在古镇保护、开发与管理中的作用，让人们记得住乡愁。

（五）居民地方依恋的建构及对旅游发展的策略

1. 挖掘民俗文化精髓，塑造古镇地方精神

濯水古镇之所以能进行旅游开发，其实质是因为当地具有浓郁的民俗文化，社区居民拥有共同的文化符号和信仰，如当地的建筑、饮食、服饰和生产生活中的民俗文化体现，构成了地方精神，即古镇地方性构成的上层建筑。而在塑造古镇的地方精神时要紧抓民族文化这一主题。利用多种途径进行宣传教育，让居民了解古镇的发展历史和文化渊源，充分认识古镇的历史价

值、文学艺术价值和旅游价值,激发居民的社区自豪感,从而激励居民关注古镇旅游发展的现状与未来,进一步提高保护濯水古镇的自觉性。

例如以传统的民俗节日为主题,举办大型节庆活动,如土家摸秋节、土家女儿会、濯水龙舟赛等,开展各类民俗活动,如听后河古戏、跳土家摆手舞、傩戏、八宝铜铃舞、板凳龙舞、哭嫁等,有利于传承民族文化,重现古镇生活,增加古镇居民旅游的参与度,认同濯水当地文化,自觉参与旅游活动,支持旅游开发。

2. 不同依恋程度居民的地方营造

针对地方依恋各维度不同的认知,需要采取差异化的地方性营造。对年轻人需要通过现代化传播媒介和手段传递出濯水古镇的价值讯号,让其从根本上了解自己的文化本源。进一步明确居民情感依恋的影响因素,探讨在居住新区(村)的建设中维系外迁居民对古镇情感依恋的途径。

3. 鼓励社区居民参与旅游开发和环境保护

在社区旅游产品的开发过程中要始终强调和体现以人为本的人文理念,明白人始终是社区的出发点和归宿点。应采取恰当的经营管理模式,提高旅游开发中的社区居民参与程度;完善旅游收益分配机制,让居民从旅游开发中获得较为满意的收益;加强旅游地社区的软硬件环境建设,提高居民的社区满意度,增强居民的社区认同感和自豪感,从而增强居民对古镇的地方依恋,促进古镇的保护和可持续发展。

二、教学指导说明

(一)教学目标及运用

1. 案例教学课程

该案例主要适用于《旅游目的地管理》中地方依恋的理论教学及实训课程,地方依恋的理论可应用于旅游目的地特别是历史古镇和民族文化村寨的开发和经营管理中,有利于制定合适的资源保护和旅游产品深度开发策略,同时可以有效地提高居民的地方依恋水平,使居民自觉参与到旅游发展当中,主动保护当地民族文化遗存和自然环境。

2. 案例教学目标

社区居民地方依恋研究有利于从内部改善旅游古镇开发和保护的相关问题,从非物质激励方式去改善居民对古镇旅游发展态度和民俗文化及环境保护。通过古镇旅游开发的现实诉求,解读地方依恋的理论内涵,并以黔江濯水古镇为例,从社区居民视角出发,调查社区居民地方依恋程度和旅游发展态度,探究地方依恋理论在古镇旅游发展中的应用,以期对古镇旅游开发和文化遗产保护起到一定的现实指导和借鉴意义。

(二)教学要点

1. 居民地方依恋由地方依赖和地方认同两个成因性维度构成

居民的地方依赖和地方认同对居民的旅游发展支持度和环境资源保护态度有着明显的正面导向作用,说明情感因素在居民自觉参与地方开发和环境保护方面起着比功能因素更为重要的影响作用。

2. 不同居民的地方依恋维度具有一定差异

在旅游发展过程中,原住民对地方的功能性依赖和情感认同较为均衡,居住时间较短的外来人员更多是一种经商就业的功能性依赖。年轻一代对旅游社区的认同和依赖感不足,旅游发展的特色化、可持续化和文化遗产的保护传承值得深思。

(三) 教学实施计划

1. 教学方式

采用任务驱动式教学,首先就当前历史文化古镇旅游开发同质化、环境保护不力等问题进行原因分析,引入地方依恋理论,引导学生们从三个方面进行分析,一是社区居民的地方依恋程度,二是居民旅游发展和环境保护态度及差异性,三是居民情感依恋对旅游发展和环境保护态度的影响路径。

2. 教学环节

课程导入(通过古镇旅游开发地方精神缺失导入课程)—重点讲解(地方依恋的内涵、结构、类型,地方依恋是能够有效体现地方精神的一种情感联结)—案例展开(将濯水古镇的案例资料和数据分发给同学,学生分成小组进行案例思考、讨论交流,形成小组报告)—展示点评(通过小组展示,学生互相点评,老师最终点评,攻克重难点)—强化认知和拓展训练。

3. 学时

教学采用两个学时。

(四) 案例拓展性训练

(1) 结合实际案例,分析社区居民地方依恋的影响因素,进一步提出如何提升居民地方依恋程度。

(2) 根据地方理论,分析居民对自我和他者在旅游发展和环境保护中的社会责任预期。

(谭舒月)

第二节　乡村旅游地社区参与感知案例分析

一、案例分析

旅游业的发展已经逐渐地成为改变区域经济结构的重要途径,尤其是对乡村社区多元经济发展、农民就业、人口回流、基础设施建设、乡村振兴等方面有着重要的推动作用。对于旅游地而言,无论是基础设施、生态环境,还是旅游资源、社会活动,都与社区居民存在高度关联。从可持续发展的角度来看,社区旅游的发展应该立足于居民的需要和愿望,社区发展是乡村旅游开发的主要诉求,而乡村社区居民理当成为旅游开发的重要参与者。同时,社区居民会不可避免地成为旅游开发影响的主要承担者,他们对旅游影响的感知水平决定着其对旅游业的态度、支持度,进而深刻影响社区居民的生活质量和当地旅游业的可持续发展进程。所以从当地居民的角度来分析旅游发展的影响,寻求旅游业与社区居民的共同发展被认为是实现当地可持续发展的有效途径。

(一) 案例背景——武陵山乡旅游经济发展概况

武陵山乡地处涪陵区东南端,东临武隆区双河乡,南邻武隆区白马镇,西抵乌江与武隆区兴顺乡隔江相望,北与涪陵区白涛街道毗邻。距离涪陵主城区38公里,距重庆主城区105公里。武陵山最高海拔1968.3米,最低175米。地质多为"喀斯特地貌"。全乡辖7个行政村(社区),36个村民小组,共3252户,约8500人,幅员面积132.46平方公里,耕地面积20385

亩,森林面积 16.4 万亩,森林覆盖率达 82.7%[①],是涪陵区最大的林区乡,森林资源十分丰富。武陵山乡先后成功创建"市级卫生乡镇""市级特色小城镇""市级最佳绿化城镇""市级文明乡标兵""市级优秀绿化单位""市级休闲农业与乡村旅游示范乡镇""全国特色景观旅游名镇""全国美丽宜居小镇"。乡内峡谷、地缝、森林、花卉、民俗等旅游资源丰富,以武陵山大裂谷等景区为依托,发展高山休闲避暑、高山花卉、生态农业等多种乡村旅游产业集群。

武陵山乡曾是涪陵区的贫困乡,产业主要以农业为主,老百姓的收入主要靠种植烤烟和外出务工,收入水平较低,基础设施建设落后。近年来,武陵山乡通过加强规划指引、完善基础设施、培育文明旅游先进典型等工作,实现了乡村旅游的飞速发展。2017 年武陵山乡旅游业收入达到 4.5 亿元,同比增长 114%;累计接待游客 146 万人次(其中过夜游客 2.3 万人次),农村居民人均可支配收入 13596 元,增长 13%。新建民宿客栈、乡村酒店共计 152 家,接待床位 6000 张,餐位 2.5 万个[②]。在乡村旅游快速发展的过程中,全乡经济发展稳步增长,社会事业全面进步。2014 年年底,有建卡贫困户 375 户,至 2018 年新增贫困户 27 户,共有建卡贫困户 402 户,通过几年的旅游发展,截至目前,全乡已脱贫 380 户,目前仅有贫困户 22 户[③]。特别是近年来,旅游业的发展促进了当地道路交通条件的改善,完全打开了对外信息、资源的互通。当地基础设施得到大力发展,教育医疗卫生条件得到改善,居民就业环境更加良好,农业生产经营更加多元化。旅游业发展带来的一系列影响对于当地社区居民意义非凡。本节以武陵山乡作为涪陵乡村旅游发展的一个缩影,研究当地居民在旅游业发展进程中对社区的影响感知情况,分别从当地经济、文化、社会、环境几个方面展开,以助推社区居民和当地旅游业的协同发展。

(二)案例研究方法

为了获取居民对乡村旅游发展影响的感知情况,特设计问卷调查,通过调研及访谈等形式获取文章需要的数据。

1. 问卷设计

在参考国内外研究文献的基础上,根据武陵山乡发展现状,我们采取问卷调查和现场访谈的方式对武陵山乡居民的旅游感知进行分析。调查问卷分为 3 部分:人口特征、旅游发展影响、旅游发展态度。人口特征包括基本人口统计特征与家庭特征共计 15 项指标;旅游发展影响包括经济、环境、社会、文化影响共计 34 个变量;旅游发展态度 7 个变量。

2. 调研过程及处理

2017 年 11 月,调查人员在武陵山乡进行了问卷调查和深度访谈。对受访人群进行了随机抽样,尽量覆盖不同年龄、性别、文化程度、居住时间、月收入的群体,比较全面地反映整个武陵山乡居民的旅游影响感知情况。此次一共完成问卷发放 300 份,剔除无效问卷 10 份,有效问卷 290 份,问卷有效率 96.67%。样本数据用 SPSS20.0 软件进行整理分析,分别对旅游发展影响及发展态度的几个维度进行了 Cronbach α 信度分析,信度系数在 0.6—0.8,基本达到文章研究的要求。

(三)案例数据分析

1. 样本描述统计

从样本人口特征、旅游发展影响感知(经济、社会、文化、环境影响)以及旅游发展态度三个

---

① 数据来源于重庆市涪陵区人民政府官网
② 数据来源于重庆市涪陵区人民政府官网
③ 数据来源于重庆市扶贫开发办公室官网

方面进行基本描述统计分析。

1）样本人口特征分析

表4-4所示为样本人口特征分析。

表 4-4 样本人口特征分析

人口变量		比例
性别	男	46.6%
	女	53.4%
年龄	18—30岁	15.5%
	31—40岁	15.2%
	41—50岁	29.0%
	50—60岁	24.8%
	60岁以上	15.5%
文化程度	初中及以下	78.3%
	高中、中专、职高	12.8%
	大专、本科	9.0%
	硕士及以上	0.0%
月收入	2000元及以下	55.5%
	2001—5000元	39.0%
	5001—10000元	5.5%
	10000元以上	0.0%
居住时长	3年以下	9.7%
	3—10年	22.8%
	11—20年	25.2%
	20年以上	42.4%
自己参与旅游工作	否	71.0%
	是	29.0%
家人参与旅游工作	否	69.7%
	是	30.3%

从受访样本来看，男女比例为46.6：53.4，女性受访比例略高于男性。年龄方面，呈现正态分布，41—60岁群体占主体（53.8%）。文化程度方面，具有初中及以下文化程度的群体占多数（78.3%），本次受访没有18岁以下居民，一定程度反映出当前武陵山乡居民受教育程度不高。月收入方面，55.5%的居民月平均收入在2000元及以下，5000元以上的收入群体占5.5%。在访谈中了解到，其中一部分居民仍然依靠传统农业生存，但总的收入水平较之以前仍然有大幅度提升。从居住时间来看，11年以上占到67.6%，其中20年以上的占42.4%，大部分属于武陵山乡的原住民。在参与旅游工作方面，自己直接参与旅游的比例为29.0%，家人直接参与旅游的比例为30.3%，可以看出武陵山乡社区居民在旅游业中的直接参与度还有

待提升。

2) 旅游发展影响整体感知分析

旅游发展影响整体(经济、社会、文化、环境)感知如表 4-5 至表 4-8 所示。

表 4-5 经济感知

A 经济感知变量	均值
A1 促进家庭经济收入增加	3.82
A2 提供了更多的就业机会	3.81
A3 劳动技能培训机会增多	3.69
A4 吸引了更多的企业投资	3.74
A5 提高了家庭的生活质量	3.86
A6 促使本地房价上升	3.82
A7 物价上涨	3.86

在经济影响正面感知中,均值都在 3.5 至 4.0 的区间范围内,说明武陵山乡居民对于旅游发展带来经济影响总体趋向于正面感知,旅游业的发展促进了家庭经济收入的增加,带来了更多的就业机会、培训机会,吸引了更多的企业投资,居民的生活质量得到改善;但负面感知程度也相对不低,居民感知到本地房价上升(均值 3.82),物价上涨(均值 3.86),随之而来居民的生活成本增加。

表 4-6 社会感知

B 社会感知变量	均值
B1 使外出务工人口回流	3.87
B2 妇女就业率提高	3.88
B3 减少了居民向外移民的现象	3.86
B4 日用品购买更加方便	3.94
B5 家庭关系更加亲密	3.88
B6 使得武陵山乡的知名度有所提高	4.00
B7 政府对旅游的政策扶持力度加大	3.97
B8 邻里关系更为融洽	3.88
B9 治安条件更好	3.90

社会感知变量中的所有均值都在 3.80 至 4.00 的区间范围内。说明旅游的发展不仅促进了地方经济的发展,也对当地社会变化起到了一定的正面导向作用。在社会感知变量中,B6 的均值最高为 4.00,说明居民对旅游发展提高武陵山乡的知名度表示出较高程度的认可。其次,政府的扶持力度和社会治安的社会感知度也较高,均值都在 3.90 左右。在生活便利程度上,武陵山乡居民认为日用品的购买更加方便,社区的设施服务日渐便利,表明政府对社区发展的推进作用明显。从家庭结构上来看,旅游的发展对妇女就业率提高、家庭人口的回流、家

庭关系更加亲密也有积极的影响作用。

表 4-7 文化感知

C 文化感知变量	均值
C1 对旅游发展的认识和了解加强	3.91
C2 与外界的交流比过去多	3.96
C3 传统文化比过去得到了更好的传承和发展	3.81
C4 当地居民的自豪感增加	3.93
C5 本地居民的思想观念更开放	3.97
C6 增强了居民的环境保护意识	3.85
C7 乡村文化活动室配套完善	3.88
C8 人民受教育水平提高	3.91
C9 娱乐休闲活动更加丰富	3.86
C10 互联网普及范围更广	3.97

根据表 4-7 可知,居民整体在文化感知程度上较高,认为旅游业发展的同时也带来了社区文化的发展。其中 C2、C5、C10 的文化感知度最高,均值都在 3.95 以上,当地居民非常认同旅游的发展对促进外界的交流、居民思想观念的开放和拓宽互联网普及范围的正面影响。

表 4-8 环境感知

D 环境感知变量	均值
D1 建筑风貌改变	3.98
D2 用水用电很方便	4.05
D3 居住环境改善	3.97
D4 交通更加便利	4.04
D5 卫生基础设施更加完善	4.08
D6 社区医疗服务条件更好	4.03
D7 生活空间变拥挤	3.89
D8 垃圾污染增多	3.77

在环境感知变量中,整体来看居民认为旅游发展明显有利于环境及设施的改善,尤其对卫生(均值 4.08)、交通(均值 4.04)、水电(均值 4.05)设施改善有强烈的感知,从这些感知中可以发现这些变量主要以外部硬性条件为主,说明政府和决策者在旅游发展过程中注重环境硬件建设,着力推动社区发展。但也存在一定的负面感知,例如生活空间变得拥挤、垃圾污染现象增多,说明居民对生活场景变化的不适应,特别是搬迁至安置房的居民对生活空间拥挤感知明显,与此同时在旅游发展过程中,卫生文明行为还有待加强。

旅游态度感知分析如表 4-9 所示。

表 4-9 旅游态度感知分析

E 旅游态度	均值
E1 和武陵山乡旅游发展的关系是否紧密	3.82
E2 喜欢现在的环境	3.92
E3 怀念过去的环境	3.72
E4 旅游发展对自己很重要	3.83
E5 武陵山乡的旅游发展利大于弊	4.02
E6 支持这个地方的旅游开发	4.16
E7 对外来游客是否欢迎	4.57

武陵山乡居民在旅游发展态度感知变量中的所有均值在 3.8 到 4.6 的区间范围内,尤其是 E6(均值 4.16)、E7(均值 4.57)得分较高,表明武陵山乡居民对当地旅游发展是高度支持的,也非常欢迎游客前来旅游。认为武陵山乡旅游发展利大于弊(均值 4.02)。居民对怀念过去的环境不是非常强烈(均值 3.72),相比之下更喜欢现在的环境(均值 3.92)。

2. 家庭情况演变分析

十年前后家庭情况变化分析如表 4-10 所示。

表 4-10 十年前后家庭情况变化分析

分类	均值	双尾检验概率
十年前年收入(元)	5696.55	0.00
现在年收入(元)	30684.83	
十年前住宅面积(M2)	213.46	0.00
现在住宅面积(M2)	145.62	
十年前耕地面积(亩)	6.33	0.00
现在耕地面积(亩)	1.58	
十年前常住人口数	4.67	0.02
现在常住人口数	5.17	

这里仅统计居住时间在 10 年以上的 196 户居民其家庭年收入、住宅面积、耕地面积、常住人口数变化情况。通过配对样本检验发现,武陵山乡居民近十年家庭年收入、住宅面积、耕地面积的变化程度较为明显。家庭年收入上涨速度明显快于区域平均增长幅度。但是由于地理位置、旅游参与度、思想观念等多种原因的影响,不同人群的经济收入仍然存在一定的差异。

由于发展旅游业,部分居民搬迁到统一的安置房后,住宅面积变小。以前的院落式住宅结构慢慢转变为高层住宅,随之带来的生活方式也在发生变化,一些居民感知生活空间变得拥挤,但随之而来的生活设施配套也更加完善。

随着武陵山乡农业产业结构调整,越来越多的人改变了传统的耕作模式,农地进行了大量流转。同时旅游景区、农家乐、民宿等行业发展对乡村旅游用地要求加大。耕地面积由原来家庭平均 6.33 亩减少为 1.58 亩。家庭生产经营模式发生变化,参与旅游业及第三产业的人员越来越多。

家庭常住人口随着旅游发展,回流明显。由于旅游发展带来的就业、创业环境更加良好,越来越多的居民回到武陵山乡参与到当地旅游业发展中,对地方人口经济的复苏起到了一定的效果。

不同的居民对旅游发展影响认知是存在差异的。社区居民的人口结构是影响当地居民对旅游发展态度和参与程度的重要因素。因此基于居民的人口学特征分析旅游业发展中的群体感知差异,才能找出旅游业及乡村发展不均衡等问题,这对乡村旅游可持续发展及社区均衡发展有着重要的影响。

3. 不同群体旅游发展差异性感知

1) 经济感知差异

不同居民群体在经济上的感知差异,主要体现在文化程度、居住时间的不同对旅游经济影响的感知存在明显差异。

通过单因素方差分析得出,不同文化程度的居民对旅游发展带来的经济影响感知差异明显,主要体现在"促进家庭经济收入增加""劳动技能培训机会增多""提高了家庭的生活质量""促使本地房价上升"这几个维度上(显著性概率均小于 0.05)。学历越高的居民感知程度越高,更能受益于旅游发展带来的影响,但同时也对本地房价上升感知度更强烈。总的来说,文化水平高的居民对旅游经济发展带来的影响感知更为强烈。

另外,在居住时间上的长短也影响着人们对旅游带来的经济发展的判断,居住时间越短在经济影响几个指标上的感知程度越高,比居住时间越长的居民更能感知到旅游发展对家庭经济收入增加、就业机会增多、劳动培训机会增多等方面的促进作用。在访谈中了解到,一部分外来人口相对文化程度较高,在收入、就业方面比居住时间较长的当地人更具有竞争优势。

2) 社会感知差异

根据分析得知,基于不同年龄、性别、文化程度、月收入、居住时间长短对社会方面的感知差异不是十分显著,大家的看法趋于一致。总体上正面感知得分较高,尤其在"妇女就业率提高""日用品购买更加便利""政府对旅游扶持力度加大"几个维度上较为认可。

3) 文化感知差异

旅游发展在文化演变方面的感知差异主要体现在文化程度和月收入不同的群体特征上。文化程度更高的居民对旅游发展的认识、与外界交流的增多感知更为强烈,对社区文化的感知本身也与自身的受教育水平紧密相关;对于增加自豪感、思想观念更开放、加强环保意识、乡村文化活动配套完善、娱乐休闲更加丰富这几个维度上月收入较高的群体感知更为强烈,各项均值随着收入区间递增而上升。总的来说,武陵山乡居民在旅游发展对乡村文化的影响上都有较强的正面感知。

4) 环境感知差异

对环境改善的感知差异主要体现在文化程度差异上。文化程度越高的居民对"用水用电等很方便""居住环境改善""卫生基础设施更加完善"这三个环境变量上感知程度更强烈,文化程度较低的居民相比较而言对环境方面变化的感知较模糊。

4. 不同群体旅游发展态度分析

月收入、文化程度、是否参与工作这几个群体特征对旅游发展态度影响较大。月收入越高的群体更喜欢现在的武陵山乡,也更认同当地旅游发展利大于弊;文化程度越高的居民群体也同样更认可旅游业发展带来的一系列变化;直接参与旅游工作的居民认为自己和武陵山乡的旅游发展非常紧密,也更加喜欢现在的环境以及欢迎游客前来。

在旅游发展的过程中,当地居民对外来游客的态度总体上都比较欢迎;但是也有极小部分人群持"无所谓"和"排斥"的态度,在访谈过程中,总结出这类人群在旅游发展中相关参与度非常低,自己或家人基本都没有从事旅游相关工作,其次认为外来游客造成当地的环境污染和个人农作物的破坏。而持欢迎态度的人群则主要认为该区域的旅游发展带来的巨大商机和交通便利使之收益。

(四)案例结论及建议

重庆市涪陵区武陵山乡作为重庆市乡村旅游发展的典型之一,旅游业对当地各方面影响十分明显,而社区居民的实际感知情况对乡村旅游的可持续发展和促进乡村社区的全面振兴有着重要的决定性因素。研究表明乡村旅游发展带来的经济、文化、社会、环境四个指标体系的正面影响感知度整体较高,旅游发展的正面示范效应明显,但旅游发展不均衡则影响着不同居民的看法。同时也存在一定的负面影响,例如耕地面积减少、居住空间压缩等情况感知明显。武陵山乡居民与旅游业发展之间的联系越来越紧密,同时旅游发展的不均衡和一些负面感知也需要反思,武陵山乡旅游发展对乡村社区经济、文化、社会、环境起到推动作用的同时也存在社区发展不均衡的问题,旅游业的覆盖范围、层次还有待完善,农村社区生产生活的场景变化需要重视。

1. 结论

1)增加居民收入、推动社区发展

旅游发展给当地带来了显著的经济利益,当地居民切实感受到旅游业给他们带来的各方面利益以及生活质量的提升。当地居民对旅游的发展持积极态度,这也促使更多的居民参与到旅游的发展中来,在得到良好经济收益的同时,也推动乡村社区的全面发展。

2)社区参与面不广,程度不足

从统计分析中可以看出,目前武陵山乡的居民旅游参与度不足。武陵山乡旅游发展带来正面作用的同时,也需要注意其中存在的问题,例如旅游业发展收益仅涉及小部分群众,部分居民对旅游发展期望较低,并且产生了社区内部之间的利益矛盾。

3)文化程度制约居民对旅游发展的看法

从总体上说,旅游所产生的经济、社会、文化、环境演变是积极的。但不同文化程度的居民在旅游发展影响中的感知差异十分明显,在收入、生活质量、就业培训机会等方面存在不同的境况,文化程度较低的居民相对还不能感知到旅游发展带来的影响。

4)生活场景适应性不强

在旅游发展过程中,居民的生活场景也发生了改变,居住空间和生产空间范围缩小,集聚式居住让部分居民感到不适应;同时物价、房价上涨也让部分居民感知生活成本变高。

2. 建议

在武陵山乡旅游产业发展中社区居民的全面、全员参与有助于推动全域旅游和乡村全面发展,社区文化建设是乡村长效发展的核心因素。

1)提高社区居民旅游参与度

管理者和决策者应当关注武陵山乡内各方利益相关者的利益,尝试多种方式提高居民对旅游的参与度,并不断扩大受益面。这是促进武陵山乡深化改革发展的重要工作,也是推动武陵山乡建设特色乡村社区、提高居民幸福生活指数的重要决策。

2)提高居民的文化水平

在第四部分差异性分析里面可知,文化程度的差异影响着居民对收入增加、培训机会增多、旅游发展参与、生活质量改善、与外界交流更多、社区设施完善等多方面的感知,因此需要重视社区文化建设,丰富社区各类文化活动,发展乡村传统技艺,促进居民文化水平提高,才能有利于居民获得全面发展。

3)重视社区软环境建设

当居民传统的生活场景发生改变以后,仅靠加强对社区的硬件设施建设还不足以让居民适应现在的生活,还需要注重社区内涵建设,重视人文关怀,加强社区家庭文化、邻里文化建设,以外部管控转向为内部软性建设,提高社区凝聚力。

二、教学指导说明

(一)案例教学目标

1. 案例使用课程

本案例适用于《旅游目的地管理》理论教学及实训课程,用于让学生学会分析旅游发展对旅游目的地尤其是社区居民带来的影响,以及社区参与程度对旅游发展态度的影响。

2. 案例教学目标

让学生通过案例分析,深刻感受到旅游发展对地方民众的实际影响,了解居民在旅游开发与经营中的参与程度、参与范围,有利于从利益相关者视角去进行旅游开发和社区居民发展的平衡,这也是旅游地可持续发展和进行具体开发和规划的重要前提之一。

(二)案例实施计划

1. 教学方式

采用对分课堂式教学方法,首先就社区、社区居民、旅游社区发展进行阐述,结合案例小组进行讨论分析,最后汇报、点评。

2. 教学环节

首先就旅游目的地利益相关者中社区居民这一主体以及社区发展、社区参与进行相关的理论内涵解析,然后引入案例让各小组进行具体分析,了解旅游发展过程中社区居民的感知情况,进一步分析居民是否通过旅游发展获益还是被边缘化,需要思考怎么促进社区在旅游发展中的全面参与与社区再造。

3. 学时

课程建议用两个学时进行学习。

(三)案例的教学要点

1. 社区发展

通过案例分析了解旅游开发对目的地社区的经济、社会、文化和生态环境的影响效应较为明显。

2. 社区参与

社区是旅游发展的依托,旅游地社区居民参与旅游发展计划、项目等各类公共事务与公益活动的行为及其过程,体现了居民对旅游目的地发展责任的分担和对社区发展成果的分享,尤其是乡村旅游地发展中,社区参与的程度和范围更能体现旅游地和社区居民的全面发展情况。

3. 社区参与中的弱参与

案例体现出的参与程度相对不高,主要是为旅游目的地发展提供劳动力、简单服务和少量物资,例如当地社区的农副产品(武陵山猕猴桃、高山玉米等)和歌舞表演(武陵山大裂谷等景区的简易舞台化表演)。处在这个层次的社区居民一般停留在浅层次和被动式参与,在利益相

关者博弈中的能力不足。

（四）案例启示及拓展性训练

（1）重视社区文化建设，丰富社区各类文化活动，发展乡村传统技艺，促进居民文化水平提高，才能有利于居民获得全面发展。

（2）提高旅游地居民的参与程度和主动性认知，以使在不同利益相关者群体中拥有一定对社区发展的话语权。

（谭舒月）

第五章

旅游资源评价开发案例分析

旅游资源是目的地、景区开发经营的重要依托,禀赋优异的旅游资源成为旅游开发经营成败的关键性因素。旅游资源分级测评、旅游资源的综合评价是旅游管理教学的基础性技能。本章选取自然资源和人文资源开发要素分析,探讨旅游资源在目的地、景区和旅游产品开发中的功能作用。

第一节 旅游资源评价案例分析

仙女山旅游开发与发展始于20世纪90年代初期,发展至今已取得初步成果。仙女山森林公园于1999年被评为国家级森林公园;2012年与天生三桥、芙蓉洞成为国家5A级景区;2015年成为全国首批国家级旅游度假区;2016年被列为"全国知名品牌创建示范区"。同时也加强了对相关基础设施和服务设施的建设,有了农家乐、宾馆、度假村、跑马场、滑草场、滑雪场、游客接待中心等,并建成武隆到仙女山的旅游专线公路,车程约40分钟。重庆龙头寺火车站至武隆每天有8班车直达。渝涪高速路、涪武高等级公路贯通武隆,由重庆市区到仙女山仅需两个半小时的车程。目前仙女山机场与新增两条上山的道路正在建设。

一、旅游资源特色评价

(一)旅游资源单体共有因子的评价

按照国家标准对武隆区仙女山旅游区的旅游资源进行调查,共有8个主类,26个亚类,占全部亚类(31个)的83.8%;44种基本类型,占基本类型(155个)的28.3%。共有可开发旅游资源单体71个。说明仙女山旅游资源类型较多、较为丰富,具有较大的利用价值与开发前景。

按照资源评价通则,对仙女山71个旅游资源单体所共有的因子,即旅游资源价值评价因子进行评价。这些因子主要反映旅游资源本身的特性及价值,如观赏、游憩、使用价值,历史、文化、科学艺术价值,以及资源本身的珍稀奇特程度、规模、丰度、概率和完整性。除此之外,有外界对旅游资源的认知程度和社会影响力,如知名度、影响力、适游期或使用范围。根据专家系统评价结果,其中,三级旅游资源9个,二级旅游资源12个,一级旅游资源50个。良(三)级旅游资源9个,占仙女山旅游区71个旅游资源单体的12.67%。普通(二、一)级旅游资源62个,占仙女山旅游区旅游资源的87.32%。

（二）旅游资源分类评价

1. 自然旅游资源方面

仙女山的自然旅游资源包括地文景观、水域风光、生物景观、天象与气候景观4个主类，13个亚类，25种基本类型，占自然旅游资源71个基本类型的35.21%，占全部旅游资源155种基本类型的16.13%，占仙女山旅游区的旅游资源基本类型（44种）的56.81%。仙女山自然旅游资源单体44个，占整个旅游资源单体总数的61.98%。

2. 人文旅游资源方面

仙女山的人文旅游资源包括遗址遗迹、建筑与设施、旅游商品、人文活动4个主类，9个亚类，19种基本类型，占全部人文旅游资源基本类型（84种）的22.61%，占仙女山旅游区旅游资源基本类型（44种）的43.18%。仙女山人文旅游资源单体27个，占整个旅游资源单体总数的38.02%。仙女山自然旅游资源比人文旅游资源单体数量多，基本类型也多，但两者各有所长。

3. 自然旅游资源中地文景观与生物景观类数量居多

在自然旅游资源中生物景观数量最多，生物景观有16个单体，占仙女山自然旅游资源单体总数的36.36%，占仙女山旅游资源单体总数的22.53%，反映了仙女山生物种类繁多，植被良好，其中以十万亩草甸、三角枫色叶林为代表的生物景观独具特色。地文景观旅游资源的基本类型居第二位，共有15个单体，占仙女山自然旅游资源单体总数的34.09%，占仙女山旅游资源单体总数的21.12%。仙女山拥有高海拔的草原、雄伟险峻的峡谷、千姿百态的溶洞、水质清澈的无压露头泉水，独特的喀斯特地貌极大地丰富了旅游资源内容。

4. 人文旅游资源中建筑与设施类数量居多

在人文旅游资源中，建筑与设施类数量最多，共有13个旅游资源单体，占仙女山人文旅游资源单体总数的48.14%；占仙女山旅游资源单体总数的18.30%。其中，景观建筑与康体游乐休闲区占多数。其他3类人文旅游资源共有27个单体。

（三）旅游资源质量评价

1. 自然旅游资源方面

仙女山旅游资源中，仙女山因其生态环境条件好、利于植物生长，因此动植物资源十分丰富，有国家重点保护植物17种，有珍稀保护动物百余种，旅游资源级别达到三级。草场是仙女山最有特色的景观，也是具有观赏价值的景观，这种草场在我国南方极其少见，因而被誉为"南国牧场"。夏季仙女山气候凉爽，与周边城市气候形成强烈对比，因此成为休闲避暑胜地。雪景是仙女山冬季的主要景观，仙女山修建有面积12万平方米的人工滑雪场，并每年一度召开仙女山林海雪原旅游节。仙女山有自然旅游资源的地文景观、水域风光、生物景观和天象与气候4个主类，旅游资源单体数量较多，可进行综合开发，其中生物景观最多，单体有16个。

2. 人文旅游资源方面

人文旅游资源中，"康体游乐休闲度假"和"文化活动场所"类型在数量上一样多，占"建筑与设施"主类的15.38%，占仙女山旅游资源单体的2.82%，构成了仙女山人文旅游资源的重要部分。旅游商品种类繁多，其中中草药与传统手工艺品的数量居多。人文活动类旅游资源中，民间习俗和现代节庆旅游资源都是具有文化艺术意义的资源。

二、旅游资源组合状况评价

我们评价一个区域的旅游资源水平，不仅要对旅游资源单体进行测评，还要对旅游资源的组合水平进行测评，看这一区域旅游资源组合是否能形成开发规模，从而判定是否具有较高旅游价值。只有这样,才能全面地评价一个区域的旅游资源总体质量。组合测评是把旅游资源单体的测评和资源的基本类型测评进行有机结合。根据影响程度,基本类型的权重定为0.2,资源单体的权重定为0.8。

仙女山共有旅游资源基本类型44个,旅游资源单体71个,其中三级旅游资源9个,二级旅游资源12个,一级旅游资源50个,以上一至三级为可开发资源。

1. 旅游资源基本类型测评总分

S_1——旅游资源基本类型测评总分。

J——旅游资源基本类型数量(44个)。

Z——旅游资源基本类型得分系数(按总分1000计算,155个旅游资源的得分系数为6.452);

0.2——基本类型的权重系数。

$S_1 = J \times Z \times 0.2 = 44 \times 6.452 \times 0.2 = 56.7776$。

2. 旅游资源单体测评原始总分

S_2——旅游资源单体测评原始总分。

a——五级旅游资源单体。

b——四级旅游资源单体。

c——三级旅游资源单体。

d——二级旅游资源单体。

e——一级旅游资源单体。

$S_2 = a \times 10 + b \times 7 + c \times 5 + d \times 3 + e \times 1 = 0 + 0 + 45 + 36 + 50 = 131$。

3. 旅游资源单体测评总分

S_3——旅游资源单体测评总分。

Y——旅游资源单体得分系数(按总分1000计算,全区可开发资源单体1340个,所获分数3124的系数0.3183);

0.8——旅游资源单体的权重系数。

$S_3 = S_2 \times Y \times 0.8 = 131 \times 0.3183 \times 0.8 = 33.35784$。

4. 旅游资源评价总分

S——旅游资源评价总分。

$S = S_1 + S_3 = 56.7776 + 33.35784 = 90.13544$。

结论:根据上述评价,仙女山旅游资源总得分为90.13544分,仙女山旅游资源组合状况一般。

三、功能结构评价

从仙女山旅游资源的赋存状况看,拥有被誉为"南国牧场"的广阔草场,郁郁葱葱的浩瀚森林,独特的地质地貌,引人入胜的云雾,夏季凉爽舒适的气候,多姿多彩的民俗风情等,可开发休闲度假、观光游览、户外体育运动、生态游乐、商贸购物等多功能的旅游产品,形成功能结构比较完善的旅游产品系列。

一个区域旅游产品的开发,需要满足不同层面游客的3种类型的需求,即基本层面(观光游览型)、提高层面(表演欣赏型)和发展层面(体验参与型)。从仙女山现有旅游产品的发展层次看,3种需求层面基本具备。但主要以基本层面的产品居多,提高层面和发展层面的产品数量较少,因此不利于延长游客停留时间和对旅游资源的充分利用。说明目前仙女山的旅游资源开发层次不高,开发潜力较大。

四、教学指导说明部分

(一)教学目的与用途

1. 案例使用课程

本案例适用于《旅游资源学》理论教学及实训课程,用于让学生分析旅游资源评价的内容及评价方法。

2. 案例教学目标

通过案例,让学生直观地了解旅游资源评价的内容,同时能够运用科学的评价方法进行评价。

(二)启发思考题

(1)仙女山旅游资源评价涉及哪些评价内容,有没有不足?

(2)仙女山旅游资源评价运用了哪些评价方法,合不合理?

(三)背景信息

1. 旅游资源的评价内容

案例中评价内容不全面,尤其针对旅游资源开发条件的评价,没有对旅游资源所处的区位、客源市场、环境条件、投资条件及施工条件进行评价。

2. 旅游资源的评价方法

旅游资源评价的类型很多,但常用的旅游资源评价方法一般分为定性法和定量法两种。其中定性评价法一般多采用定性描述,是评价者考察旅游资源后根据印象给出的主观评价,因此也叫经验性评价法。如"三三六"评价法、"六字七标准"评价法、一般体验性评价和美感质量评价等;定量评价法则是运用科学的统计方法和数学评价模型,在相关的客观数据基础上,通过分析与计算,用量化的数字表示等级的方法,如技术性单因子评价法、综合性多因子评价法及国家标准综合评价法等。显而易见,案例里采用的是定量评价法的一种。

(四)关键要点

1. 考查学生是否掌握了旅游资源评价内容

旅游资源的评价不仅针对旅游资源本身价值(自身特色、美学欣赏价值、历史文化、科学考察等),还应有对其开发条件(区位、客源、环境、投资及施工条件)的评价。

2. 考查学生是否掌握了旅游资源评价法

弄清本案例里采用了哪一种定量评价法,过程是否客观,结果是否科学合理。

(五)建议课堂计划

1. 授课形式

建议小组讨论式教学,最后给出讨论结果。

2. 授课时长

建议采取1个课时的教学计划。

(黎艾艾)

第二节　旅游资源开发要素案例分析

旅游资源是旅游开发中重要的基础"材料",开发前期就需要对其进行摸底调研,找出有开发潜力的各种资源,提炼其要素特征并归类组合。在旅游产品开发时结合市场需求,充分发挥资源的多重价值,进而打造出独特而富有吸引力的旅游产品。本案例通过对著名景点列治文渔人码头(Richmond Fisherman's Wharf)的介绍,基于案例教学法(Case-based Learning)引导学生分析和总结该景点的资源要素构成及其成功原因,促进学生积极讨论和深度学习,提高课堂教学效果。

一、案例介绍:列治文渔人码头

位于加拿大不列颠哥伦比亚省大温哥华区列治文的渔人码头,又名史提夫斯顿渔村(Steveston Historic Fishing Village),是为纪念该地最早的定居居民史蒂夫(Manoah Steves)而得名。早在1878年,史蒂夫带领全家在这个菲沙河的出海口定居,并建立奶牛饲养场。他的子孙在此处拓荒扩大村庄,1889年正式建立史蒂夫村。日本渔民19世纪末就抵达史蒂夫斯顿,该村的公园内还有一个工野庭园(Kuno Garden),里面有日本渔民的雕像,以纪念日本渔民渔业历史及其对不列颠哥伦比亚省的贡献。大量的日本人、中国人、第一民族和欧洲渔民以及罐头工人都来到这个村庄从事渔业相关工作。当地渔民聚居于此构建了活跃的渔港社区,因其丰富的海岸资源和优美宁静的环境而成为温哥华地区最受欢迎的观光景点之一。在这里可以看到渔村千桅林立的景象,也能找到水面平静的海湾。渔人码头鱼货新鲜,人来人往,天鹅海鸥穿梭其间,一派和谐景象。

史提夫斯顿是一个历史悠久的鲑鱼罐头中心,曾经是"世界鲑鱼之都"。菲沙河从1871年就开始鲑鱼罐装加工,到19世纪90年代,菲沙河上有45家鲑鱼罐头加工厂,一半落户史提夫斯顿。渔业的发展也带动了造船业的发展,从那时开始,来自世界各地的船只来到这个港口,运走成船的罐装鲑鱼。战后区内的罐头厂相继停业,区内旅游业逐步发展起来。1894年落成的乔治亚海湾罐头厂(Gulf of Georgia Cannery)是遗留下来的少数保存完好的鲑鱼罐装厂之一,它见证了加拿大西岸从19世纪70年代至今的渔业历史,被定为国家历史古迹,并从1994年起对外开放。史提夫斯顿博物馆和加利角公园分别于1979年和1989年开幕。位于史提夫斯顿南端的不列颠造船厂国家历史遗址(Britannia Shipyard National Historic Site)建于1889年,是菲沙河上现存最古老的建筑。它是罐头厂和造船厂的混合建筑,如今也已经成为加拿大的国家历史古迹。

由于紧邻太平洋,海鲜成为这里的一大特色和必尝美食之一。渔人码头以新鲜的鱼货、优美的环境以及众多的餐厅而闻名。这个漂浮的市场提供了一个闪闪发光的好吃的聚宝盆,每日都有新鲜捕捞的各种虾、蟹、鱼、贝等售卖,其中可能包括鲑鱼、鳕鱼、石头鱼和刚捕获的海胆等。可以从渔民船上直接购买海鲜,分量足、价格便宜;也可以到岸边的商店选购,店内设有冷藏室,里面摆放着大比目鱼和章鱼等。如果赶在某些季节,如三文鱼回流或龙虾季,则可以吃到上好的三文鱼和大龙虾,肉质鲜美至极。在码头有多家餐馆专做海鲜,以擅长烹调海鲜著称。每家都是用当日出产海鲜做出各种菜式,是喜爱海鲜的游客必到之地。

围绕着渔人码头周边的街道上,除了各式风味的餐馆之外,还坐落着各种各样的特色商店如服装店、船具用品店、古董店、书店等,供游客们寻宝和购买纪念品。从海鸥形状的调料瓶、航海小摆件到驼鹿图案的袜子等,这些欢快的精品店都挤满了有趣的礼物。海鲜可能是码头最好的纪念品,但是用新鲜的虾填充你的背包不一定是明智的,不过不用担心,这里也有各种各样的罐装海产品,携带方便,易于运输——让人回想起提夫斯顿的罐头历史。

喜欢户外活动的人特别感兴趣的是海滨广阔的步行道和自行车道。漫步或骑行于阳光斑驳的木板路,看着点缀于天地间的天鹅、海鸥和来此觅食的各式鸟类,抓拍几张渔船周围时而出现海狮的照片,观赏落日余晖以及温哥华市美丽的夜景,能体验到典雅渔港生活方式的乐趣。如果您在这里没有做任何其他事情,那就坐在长凳上,在蔚蓝的天空下发呆,在阳光下晒太阳就足够了。

如果您在7月1日参加加拿大国庆日,那您一定要参观一年一度(从1945年起)的史提夫斯顿三文鱼节。这是一个免费的加拿大日活动,活动包括游行和史提夫斯顿著名的鲑鱼烧烤。其中最吸引眼球和令人垂涎三尺的是在明火上烤制的1200多磅的野生鲑鱼片,空气中飘荡的香味让人难以抗拒。一般来说,如果每个人都想在温哥华尝试一种食物,那就是鲑鱼。当然,您也可以吃三文鱼,也可以全年在史提夫斯顿餐厅找到美味的鲑鱼菜肴以及大量的当地海鲜。4月至10月期间,鲸鱼观赏之旅每天从史提夫斯顿出发,沿途可以欣赏美丽的海岛风光和各式悠游的禽鸟和海洋生物。出现在这个海域的鲸鱼家族共有3家(约80头),这是近距离观赏杀人鲸(虎鲸)的难得机会。在赏鲸行程中,专业学者随船解说,游客还可做一次海洋生态的知性之旅。作为列治文最具视觉吸引力的地点之一,渔人码头提供了如万花筒般的上镜场景。有多部电影或者电视剧在渔人码头取景拍摄,包括《北京遇上西雅图》《童话镇》和《哥斯拉》(2014)等。

多年来史提夫斯顿保留着古老而历史悠久的渔村特色,拥有600多艘渔船,这里既是港湾也是渔民们的家。在阳光明媚的日子里,游客们涌向史提夫斯顿的海滨,陶醉于这里的渔港风情。由于其迷人的海岸景观、仍然活跃的捕鱼船队、得到妥善保护的历史建筑和国家历史遗迹,以及完善的基础设施、便捷的交通和周到的旅游服务,使它成为一个让人怡然自得的生活场所和令人流连忘返的著名旅游目的地。

二、教学指导说明部分

(一)教学目的与用途

1. 案例使用课程

本案例适用于《旅游策划学》和《旅游资源规划与开发》理论教学及实训课程,用于让学生理解旅游资源的类别、价值和开发方式。

2. 案例教学目标

让学生通过案例掌握自然旅游资源和人文旅游资源的特点,理解地理条件、历史文化和核心资源在旅游开发中的作用,掌握拓展旅游产品的方法。在案例学习中引导学生进行团队研究性学习,锻炼学生善于发现问题和归纳概括的能力。

(二)启发思考题

(1)史提夫斯顿的自然旅游资源和人文旅游资源分别有哪些?

(2)为什么史提夫斯顿能从一个小渔村变成热门的旅游景点?

(3)在渔人码头曾经有餐馆用海鲜制作了一个号称是世界上最贵的披萨,其意义何在?

（三）背景信息

1. 旅游资源开发

指借助现代科学技术手段,把潜在的旅游资源改造成旅游吸引物,并促使旅游活动得以实现的技术、经济活动。旅游资源开发,不仅仅是将旅游资源本身开发成对游客具有吸引力的吸引物,还需要为其提供满足旅游活动需要的其他条件,如交通、住宿、饮食、休闲、购物等。所以,在旅游资源开发中必然伴随着基础设施的兴建、人员的培训和接待管理机构的设立。

2. 滨海旅游

指以沿海陆域和海岸为依托,以滨海自然风光和人文风情为吸引物而进行的海陆观光、休闲和度假等旅游活动。处于海陆交界地带的滨海区域繁衍出丰富的海洋动植物,形成了独特的海洋地质地貌和气象气候;同时,大多数滨海区域积淀了开放性和多样性的海陆历史文化,形成了海洋宗教信仰和风俗习惯、海陆建筑风格、海洋艺术等独具特色的人文旅游资源,这是开展滨海观光、休闲度假旅游的资源基础。

（四）关键要点

（1）旅游资源开发中,应重点挖掘具有地域特点的自然旅游资源和人文旅游资源。

（2）旅游开发围绕着核心旅游吸引物的打造而展开,同时要注意完善配套服务设施,构建目的地旅游系统。

（3）旅游资源的相关性使得旅游产品之间也存在有机联系,可以通过主题化开发来整合同类资源。

（五）建议课堂计划

（1）授课形式:建议小组讨论式教学。

（2）授课时长:两个课时。

（3）课后作业:你认为史提夫斯顿的旅游发展可能存在什么不足?还可以引入或开发哪些旅游项目?请书面作答。

（李志民）

References

[1] 马勇.旅游规划与开发[M].武汉:华中科技大学出版社,2018.

[2] 赵西萍.旅游市场营销学[M].北京:科学出版社,2017.

[3] 肖星,王景波.旅游资源学[M].天津:南开大学出版社,2018.

[4] (美).菲利普·科特勒.市场营销管理(亚洲版)[M].洪端云,等,译.北京:中国人民大学出版社,1997.

[5] 冯若梅,黄文波.旅游业营销[M].北京:企业管理出版社,1999.

[6] 周振东.旅游经济学[M].大连:东北财经大学出版社,2002.

[7] 国家统计局.2018年中国旅游统计年鉴[M].中国旅游出版社,2005.

[8] 郭英之.旅游市场营销[M].大连:东北财经大学出版社,2006.

[9] 赵毅,叶红,等.新编旅游市场营销学[M].大连:东北财经出版社,2006.

[10] Tuan Y F. Topophilia: A Study of Environmental Perception, Attitudes and Values [M]. New Jersey:Prentice-Hall Inc, 1974.

[11] Williams D R, Roggenbuck J W. Measuring Place Attachment: Some Preliminary results [M]. San Antonio: Proceeding of NRPA Symposium on Leisure Research, 1989.

[12] Williams D R, Patterson M E, Roggenbuck J W. Beyond the Commodity Metaphor: Examining Emotional and Symbolic Attachment to Place [J]. Leisure Science, 1992(14).

[13] S L, G R. Defining Place Attachment: A Tripartite Organizing Framework[J]. Journal of Environmental Psychology,2010(1).

[14] Lindberg K, Johnson R L. Modeling resident attitudes toward tourism[J]. Annals of Tourism Research, 1997(2).

[15] Andriotis K. Community Groups' Perceptions of and Preferences for Tourism Development: Evidence from Crete [J]. Journal of Hospitality & Tourism Research, 2005(1).

[16] Nunkoo R, Gursoy D. Residents' Support for Tourism: An Identity Perspective[J]. Annals of Tourism Research, 2012, 39(1):243-268.

[17] PalmerA,Bejou D. Tourism Destination Marketing Alliances[J]. Annals of Tourism Research,1995(22).

[18] Connell J. Toddlers, Tourism and Tobermory:Destination Marketing Issues and Television-include Tourism[J]. Tourism Management,2005(26).

[19] 黄向,保继刚,Wall Geoffrey.场所依赖:一种游憩行为现象的研究框架[J].旅游学刊,2006(9).
[20] 陈蕴真.浅议地方理论在旅游研究中的应用[J].桂林旅游高等专科学校学报,2007(3).
[21] 邹伏霞,阎友兵,王忠.基于场所依赖的旅游地景观设计[J].地理与地理信息科学,2007(4).
[22] 汪芳,黄晓辉,俞曦.旅游地地方感的游客认知研究[J].地理学报,2009(10).
[23] 许振晓,张捷.居民地方感对区域旅游发展支持度影响[J].地理学报,2009(6).
[24] 黄芳.传统民居旅游开发中居民参与问题思考[J].旅游学刊,2002(5).
[25] 唐文跃.地方感研究进展及研究框架[J].旅游学刊,2007(11).
[26] 杨昀.地方依恋的国内外研究进展述评[J].中山大学研究生学刊(自然科学与医学版),2011(2).
[27] 唐文跃,张捷,等.古村落居民地方依恋与资源保护态度的关系—以西递、宏村、南屏为例[J].旅游学刊,2008(10).
[28] 许振晓,张捷,等.居民地方感对区域旅游发展支持度影响——以九寨沟旅游核心社区为例[J].地理学报,2009(6).
[29] 保继刚,孙九霞.社区参与旅游发展的中西差异[J].地理学报,2006(4).
[30] 王媛,黄震方.湿地生态旅游地居民旅游感知差异及影响因素分析——以盐城海滨湿地保护区为例[J].南京师大学报(自然科学版),2011(2).
[31] 尹寿兵,刘云霞.风景区毗邻社区居民旅游感知和态度的差异及机制研究——以黄山市汤口镇为例[J].地理科学,2013(4).
[32] 唐晓云.古村落旅游社会文化影响:居民感知、态度与行为的关系——以广西龙脊平安寨为例[J].人文地理,2015(1).
[33] 王莹,许晓晓.社区视角下乡村旅游发展的影响因子——基于杭州的调研[J].经济地理,2015(3).
[34] 孙凤芝,许峰.社区参与旅游发展研究评述与展望[J].中国人口·资源与环境,2013(7).
[35] 袁素红.景区联合营销策略研究[J].合作经济与科技,2008(13).
[36] 陈章旺.我国城市营销的现状、问题及对策[J].福州大学学报(哲学社会科学版),2006(1).
[37] 朱凤,欧晓勇.网红洪崖洞爆点营销:顾客联想、新媒体传播——基于引爆点理论的探究[J].智库时代,2018(44).
[38] 张晁宾.智慧旅游公共服务体系中的旅游视频传播[D].成都:四川师范大学,2016.
[39] 陈芬.短视频营销大热,抖音带火国内多座旅游城市[J].中国经济信息,2018(13).
[40] 周银.移动短视频社交应用的发展研究[D].南昌:南昌大学,2016.
[41] 何敏.论新媒体语境下传统文化生态传播特征[J].传播力研究,2017(12).
[42] 赵晖.从政治经济学视角看我国电子商务的现状和发展阶段[J].杭州学刊,2016(4).
[43] 孙永杰.超越苹果与AI加持:华为手机战略拐点已至[J].通信世界,2017(25).
[44] 万丽.独角兽今日头条仅靠"推荐算法"胜出[J].南方企业家,2017(4).
[45] 王海燕.抖音的算法推荐特点分析[J].新媒体研究,2018(20).
[46] 邓建国,张琦.移动短视频的创新、扩散与挑战[J].新闻与写作,2018(5).
[47] 周银.移动短视频社交应用的发展研究[D].南昌:南昌大学,2016.

[48] 黄楚新,任芳言.我国短视频发展现状、问题及趋势[J].新闻论坛,2017(5).

[49] 黄楚新.融合背景下的短视频发展状况及趋势[J].人民论坛·学术前沿,2017(23).

[50] 郭子辉,张亚楠.移动短视频的传播和发展策略探析——基于抖音的个案分析[J].新媒体研究,2018(17).

[51] 周银.移动短视频社交应用的发展研究[D].南昌:南昌大学,2016.

[52] 徐英姿.论网红景点的"保鲜期"——以重庆洪崖洞为例[J].传播力研究,2018(27).

[53] 王金凤.互联网时代"网红"旅游景点成"永红"的策略[J].旅游纵览(下半月),2018(9).

[54] 唐璐.基于 SWOT 分析的重庆洪崖洞景区的发展对策[J].旅游纵览,2013(2).

[55] 赵立辉.当前旅游网络营销中存在的问题及解决对策研究[J].旅游纵览,2011(11).

[56] 董观志,傅轶.武隆大格局——中国旅游的领先之道[M].武汉:华中科技大学出版社,2015.

[57] 黄铭铭,王梦宇,梁妙.旅游景区整合营销传播策略研究——以重庆武隆景区为例[J].现代经济信息,2017(22).

[58] 杨梅,刘佳杰,任广鹏.全域旅游导向下县域产业升级路径探索——以武隆县为例[J].重庆理工大学学报(自然科学),2019(2).

教学支持说明

全国普通高等院校旅游管理专业类"十三五"规划教材系华中科技大学出版社"十三五"规划重点教材。

为了改善教学效果,提高教材的使用效率,满足高校授课教师的教学需求,本套教材备有与纸质教材配套的教学课件(PPT电子教案)和拓展资源(案例库、习题库视频等)。

为保证本教学课件及相关教学资料仅为教材使用者所得,我们将向使用本套教材的高校授课教师和学生免费赠送教学课件或者相关教学资料,烦请授课教师和学生通过电话、邮件或加入旅游专家俱乐部QQ群等方式与我们联系,获取"教学课件资源申请表"文档并认真准确填写后发给我们,我们的联系方式如下:

地址:湖北省武汉市东湖新技术开发区华工科技园华工园六路

邮编:430223

电话:027-81381206

E-mail:lyzjjlb@163.com

旅游专家俱乐部QQ群号:306110199

旅游专家俱乐部QQ群二维码:

群名称:旅游专家俱乐部
群　号:306110199

旅游生态经济学公众号
二维码

教学课件资源申请表

填表时间：_____年___月___日

1. 以下内容请教师按实际情况写，★为必填项。
2. 学生根据个人情况如实填写，相关内容可以酌情调整提交。

★姓名		★性别	□男 □女	出生年月		★职务	
						★职称	□教授 □副教授 □讲师 □助教

★学校		★院/系	
★教研室		★专业	
★办公电话		家庭电话		★移动电话	
★E-mail（请填写清晰）				★QQ号/微信号	
★联系地址				★邮编	

★现在主授课程情况	学生人数	教材所属出版社	教材满意度
课程一			□满意 □一般 □不满意
课程二			□满意 □一般 □不满意
课程三			□满意 □一般 □不满意
其 他			□满意 □一般 □不满意

教 材 出 版 信 息		
方向一	□准备写 □写作中 □已成稿 □已出版待修订 □有讲义	
方向二	□准备写 □写作中 □已成稿 □已出版待修订 □有讲义	
方向三	□准备写 □写作中 □已成稿 □已出版待修订 □有讲义	

　　请教师认真填写表格下列内容，提供索取课件配套教材的相关信息，我社根据每位教师/学生填表信息的完整性、授课情况与索取课件的相关性，以及教材使用的情况赠送教材的配套课件及相关教学资源。

ISBN（书号）	书名	作者	索取课件简要说明	学生人数（如选作教材）
			□教学 □参考	
			□教学 □参考	

★您对与课件配套的纸质教材的意见和建议，希望提供哪些配套教学资源：